CHA TER FILE

Misfortune † Seven

伊甸

Age 25

「裝可愛請裝得像約書一樣認真喔。」

性格

黑萊大公國的銜蛇伯爵，表面溫和但城府很深、手段毒辣。黑萊大公國內人見人敬畏的毒蛇伯爵；然而卻對身邊的首席執事相當縱容，甚至曾經說過「還是我們家執事最可愛」這種話。

CHARACTER FILE

Misfortune † Seven

約書·克拉瑪

Age 25

「看我多可愛，該加薪了吧？」

性格

銜蛇伯爵的首席執事，薪水小偷大師，最常掛在嘴邊的話是：「該加薪了吧」、「看我偷懶的樣子多可愛」。有偷用銜蛇伯爵私人物品的壞習慣，時常被誤以為心情很差，但其實只是在裝可愛而已。

C H A R A C T E R   F I L E

Misfortune † Seven

威廉

Age 16

「夜鴉伯爵今天賣執事了嗎？」

性格

黑萊大公國的鳴蟾伯爵，個性相當內向，是國內最年輕的伯爵。討厭父親留給自己的執事格雷，喜歡夜鴉伯爵那位聒噪活潑的執事萊特。正在等待夜鴉伯爵因為不耐煩而賣執事的那天。

CHARACTER FILE

Misfortune † Seven

格雷·司普蘭

Age 23

「伯爵今天又一事無成了嗎？」

性格

前任鳴蟾伯爵留給現任鳴蟾伯爵的首席執事，認為現任伯爵體弱多病，太過軟弱無能，未來也難有作為，只能依靠自己輔佐。和夜鴉伯爵家的執事萊特是死對頭。

GOBOOKS
& SITAK
GROUP ©

三日月書版

輕世代 FW339
9
著 碰碰俺爺
畫 woonak
MISFORTUNE † SEVEN
夜鴉事典
幻夢成空
三日月書版

夜鴉事典

Misfortune † Seven

CONTENTS

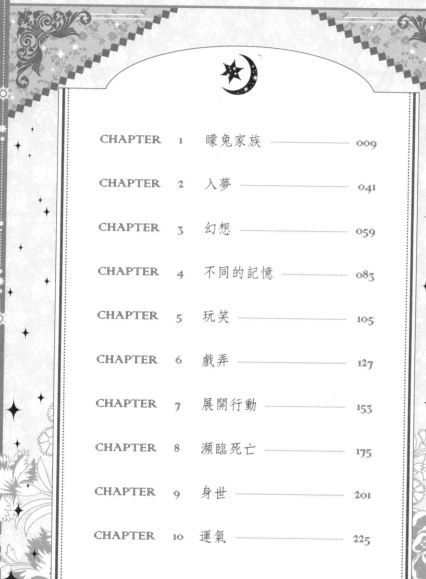

CHAPTER 1

矇兔家族

桌上那杯茶是紅色的。

不像紅茶那般透明清澈，而是像凝固的血液般，呈現詭異的暗紅色，空氣裡還散著某種奇怪的鐵鏽味。

「問妳想問的問題，然後喝下這杯茶。」占卜桌對面的男人留著半黑半白的古怪長髮，戴著魔術師般的高帽，這讓身在簡陋的吉普賽帳篷裡的他看起來像某種騙錢的江湖術士。

不，他肯定就是個來騙錢的江湖術士。

約翰不甚友善地盯著眼前的男巫和坐在一旁的妻子，他那身材豐腴的妻子正虔誠地盯著那杯詭異的茶，小心翼翼地詢問道：「胡倫先生，我媽已經在這裡了嗎？」

「安靜！」胡倫皺起眉頭大喊道，帳篷內搖曳的燭火火光猛烈燃燒起來，把約翰和妻子都嚇了一跳。他又重複了一遍：「問妳想問的問題，然後喝下這杯茶！」

「是是是……」妻子連忙說，但又補充了一句，「喝完全部嗎？」

胡倫先生只是瞪了妻子一眼。

「別喝了吧，妳怎麼知道裡面放了什麼。」約翰警告妻子。

「不行！我必須問出答案！」但他執拗的妻子不顧阻攔。

約翰嘆了口氣，不耐煩地把玩著自己新買的純金手表，決定不再阻止妻子的荒唐行為。他四處張望，企圖找出燭火忽然猛烈燃燒的原因。

這年頭打著流浪男巫名號、謊稱自己擁有巫族血脈和能力的騙子很多，他們慣於使用一些卑鄙的小伎倆蒙騙無知的人們，替人進行通靈、占卜、下蠱或治病的違法勾當。

約翰認為眼前這位胡倫先生也是如此。

想必蠟燭底下有什麼機關吧！

「我想問我過世的母親——」約翰太太開始問起她這幾個月來最想知道的事：「她究竟為什麼要自殺。」

看著滿臉憂愁的妻子，約翰一邊繼續翻弄自己的手表和領帶，一邊懷疑地瞪向眼前忽然閉上雙眼的胡倫先生。

「我母親很健康也很快樂，我父親留了很多退休金給她，她生活根本無憂無慮，我怎麼樣都想不通，她為什麼會想不開。」約翰太太開始泣不成聲，約翰先生拍了拍妻子的背，但看到妻子在擦掉了臉上的淚水，將那杯詭異的液體一飲而盡後，他忍不住露出了有點嫌惡的表情。

在約翰太太放下那浮雕著兔子圖騰的茶杯後，燭光頓時暗了下來，但也僅只如此，帳內一片靜悄悄。

在屏氣凝神了幾分鐘後，約翰太太開始因為那古怪的液體作嘔起來，自稱是男巫的男人卻一點動靜也沒有。

約翰鬆了口氣，撫平自己的領帶，有些不高興地悄聲在妻子耳邊道：「這傢伙大概睡著了吧？我就說他只是江湖術士而已。」

「但是我朋友說……」妻子似乎還不死心。

「我跟妳說過多少次，妳媽一定是平常太寂寞才想不開！妳都願意相信妳朋友的話，為什麼就不相信我的話？還跑來這種地方找騙子算命！」約翰動之以情，說之以理，「妳把妳媽的遺產花在這種地方，只會讓她更傷心。」

岳母的遺產應該花在更值得的地方。

約翰太太看上去有些動搖，她的嘴扁成了一條，拿出手帕就開始嗚咽哭泣。

「我們走吧，就當作是被騙了，等回家後我泡杯熱茶給妳緩和心情。」約翰溫柔地輕聲勸著妻子。

妻子點點頭，起身準備離開。

約翰轉頭瞪向仍然在閉目養神的男巫，並且一把抓起桌上的小費：「至於你，我們一毛錢也不會給！」

話音剛落，約翰的手卻被忽然被男巫一把抓住，怎麼扯也扯不開。

妻子在這時打了個大嗝，從她的嘴裡飄出了一陣白煙，而那陣白煙被坐在對面的胡倫吸進了鼻腔中。

約翰和妻子齊齊望向他，放在桌面上的燭火瞬間竄燒，嚇了約翰一大跳。他慌恐地望向眼前的男巫，男巫原本英俊瘦削的臉蛋竟然逐漸變得浮腫，眼皮和嘴唇也都腫了起來——和他岳母躺在棺材裡時的容顏幾乎一模一樣。

岳母和妻子一樣都是豐腴的女人，她離世時的臉看上去又圓又腫，跟膨脹到極限的氣球一樣。

「我一毛錢也不會給你這個騙子！」臉部腫脹的男巫尖叫起來，他的聲音厚實又宏亮，就像約翰的岳母。

那種聲音讓約翰難以忍受，他的手腕被掐得死緊，有這麼一瞬間他以為自己的手要斷了，但更令他害怕的是對方的眼神。

男巫的眼神就像岳母臨死前瞪著他的眼神一樣。

「媽，是妳嗎？」約翰太太既恐懼又困惑地湊上前，輕輕喊了聲。

男巫依舊緊拉著約翰的手腕，用他那張驚悚蒼白的浮腫臉孔轉頭瞪向約翰太太，一字一字道：「我沒想不開，女兒。」

「那為什……」

沒等約翰太太說完話，男巫忽然扯了嗓子開始大吼：「別喝他泡的茶別喝他泡的茶別喝他泡的茶別喝他泡的茶別喝他泡的茶別喝他泡的茶——」

聞言，約翰一下子變了臉，他惱火地用力甩開男巫的手，力道之大還讓自己不小心連同椅凳一起跌坐在地。

「胡、胡說八道！」跌坐在地上的約翰抬頭看著妻子，她的眼神變了，變得充滿了懷疑與恐懼。他急急忙忙爬起身，安撫妻子，「妳別聽這傢伙裝神弄鬼，他在耍我們！」

但妻子摀著嘴沒說話，在約翰接近時，轉身跑出了帳篷。

顧不得桌上被捏爛的小費，約翰再瞥了眼面容臃腫的男巫，最後白著一張臉，慌張地追了出去。

原本熊熊燃燒的燭火再度平息，男巫胡倫深吸了口氣，最後也打了個大嗝。被吸進的白煙再度從他嘴中飄出，浮在空中聚集起來的形狀看起來像個豐腴陰沉的婦人。

那團白煙在帳篷內不斷徘徊，胡倫的臉則在吐出白煙後逐漸消腫，恢復成原本瘦削的面容。他深吸了一口氣，接著才把放在桌上被揉爛的紙鈔通通搜刮進口袋裡。

「最近生意越來越難做了，才這麼一點錢還想要回去，不是繼承了一堆財產嗎……」男巫胡倫像在對白煙抱怨，又像在自言自語。

白煙駐足在帳篷門邊，彷彿正瞪視著跑走的人。

「下次應該先做個占卜，看看接下來的客人大不大方，再決定要不要接。」男巫胡倫一邊碎念著，一邊端起了方才客人喝完的茶杯看。

杯底堆滿了茶葉梗，恰好排出了一個類似骷髏頭的形狀，死亡的象徵。

「真是不吉利，不知道今天誰會死掉……希望是隔壁帳篷的假男巫。」胡倫繼續碎念著，在他面前的白煙依然試圖往外飄出，卻被他吼住了，「女士，妳該偷溜回地獄邊緣去了，不要逗留，小心回去被那個怪物發現然後一口吃掉！」

那團白煙立在門口，動也不動。

「哎呀，妳不回去是不是？」胡倫拿起藏在桌子底下裝著某種液體的瓷壺，正準備潑向那團白煙時，有人從帳篷外頭走了進來。對方的到來讓白煙直接散開，化為細碎的塵土並被吸入土地之中。

「這裡有種死人的臭味……」來人皺著眉頭，一邊用手搧著空氣。他肩膀上站著一隻黑色的巨大渡鴉。

男巫胡倫看著來人，對方又高又瘦，黑髮，穿著黑西裝大衣，有張非常英俊的臉孔，頸項上卻有著嚴重的燒傷疤痕。

英俊的男人看上去有點眼熟，當他抬起頭時，胡倫直接瞪進了對方紅色的雙瞳之內。

紅瞳是極鴉家的人才有的象徵。

男人臉上帶著親切的微笑，他用一雙漂亮的眼眸盯著胡倫看，看上去要有多討喜就有多討喜。

但男人嘴裡說的卻是：「亞森，你確定這是我們所能找到最好的通靈男巫？這次不會又是什麼騙子吧？他看起來很像騙子。」

「瑞文，我很確定，而且上次的騙子是朱諾找的，又不是我。」他肩膀上的渡鴉說話了，刻意模仿著他的語氣。

胡倫看了眼渡鴉，又看向自在地在他面前坐下的男人，他吞了吞口水。

「瑞文？哪個瑞文？難道是那個血鴉……瑞文？」胡倫揉了揉眼睛，反覆確認自己沒有出現幻覺，「我以為你死了，被教廷處決或什麼的……所有人都在說教廷用很殘忍的手段謀殺了你，把你丟進鐵處女裡用火慢慢烤死什麼的，就像他們對林區做的那樣。」

「他們是這麼做了，但顯然沒能有效地殺死我。」瑞文笑著，露出了一口白牙。

「血鴉瑞文，你來這裡做什麼？」胡倫緊張地問。

瑞文說他的帳篷裡聞起來有股死人的味道，但事實上瑞文才是那個聞起來有死亡氣味的人。

「我們想探訪一些逝去的亡者，聽說你是流浪巫族裡通靈能力最好的人。」瑞文肩膀上的渡鴉又說話了。

「變形者？」胡倫張大眼，「變形者很稀有啊！我以為你們都被憤怒的愚民和教廷獵殺光了！」

渡鴉沒有說話，對胡倫的反應似乎見怪不怪。

「神聖的大女巫啊！我眼前淨是一群殺不死的人！」胡倫一臉不可思議，他喝了杯茶壓壓驚，低頭一看，自己杯底的茶葉竟然也出現了詭異的骷髏圖案。

真的很不吉利。

「你可以和已逝的死者溝通，對嗎？來自矇兔家族的男巫胡倫。」瑞文開口，順便伸手把玩著桌上的野兔銅像。

胡倫已經好久沒聽人提起過他的家族名號了。和黑萊塔那些血統純正的男巫們不同，他已經是混了好幾代男巫和普通人血緣的後代，家族名號早已慢慢消逝。

胡倫稍微整了整衣領，咳了幾聲清清喉嚨：「我確實有這個能力，雖然不像黑萊塔的人這麼厲害，但在流浪巫族裡我的能力應該也算數一數二。」

雖然從古至今常有巫族嘲笑他們家族是鳴蟾家族的低階版，但他們的能力對於一般人來說還是非常有用的。

「我們需要你幫忙聯繫幾個已經逝去的亡靈。」瑞文說。

「你要聯繫亡靈做什麼？我以為你已經不當教廷的走狗很久了，難不成和教廷和解，又回去跟那些教士們一起查案了？」胡倫問。

瑞文笑出聲來，彷彿對方說了什麼笑話一樣。

「不，他們巴不得把我四分五裂，我怎麼可能回去。」瑞文搖搖頭，避重就輕，「我們只是想要調查一些私人事情。你只要回答我，要不要幫這個忙？」

血鴉男巫捧著臉靠在桌子上，和顏悅色的模樣令人難以想像他當年在靈郡犯下了多少可怕的罪行。

「如果我不幫忙會怎樣？」胡倫學著瑞文的動作。

「我就把你腦袋摘下來放在樹上當裝飾。」瑞文板起臉說。

傳聞中，血鴉男巫最喜歡摘人腦袋了。

胡倫當場面色鐵青，渡鴉亞森則在瑞文的肩膀上跳了兩下。

「瑞文，別開玩笑了！」渡鴉的聲音相當嚴肅，彷彿都能看到他皺起眉頭來。

原本冷著臉的瑞文轉而大笑起來，像沒事一樣地對著胡倫說：「看看你的表情，別害怕，我不會怎樣啦！」

是這樣嗎？胡倫疑神疑鬼地想著。這個能夠殘忍謀殺教士和普通人的男巫，不管做什麼都不像是在開玩笑。

「啊，不過——」想到了什麼似的，瑞文摸索起自己的大衣口袋。

看到瑞文從口袋裡掏出東西時，胡倫怪叫著縮起了身體，他還以為自己會獲得一個詛咒，或是身體莫名燃燒起來。

瑞文放到桌上的，卻是一疊厚厚的紙鈔。

「如果你幫我，可以把這些都拿走。」瑞文指著桌上的紙鈔。

胡倫瞪著桌上的紙鈔，這人竟然連掏出來的紙鈔都能散發著燒焦和死亡的氣味！他思索了幾秒，最後還是覺得銅臭味勝過了死亡的味道，於是不顧紙鈔上還沾染著不明血漬，他伸手將紙鈔搜刮進了口袋。

「好，我可以試試。」胡倫一口答應。

「現在的男巫們對這些紙張還真是著迷。」瑞文看起來有點困惑，他向來不需要鈔票和金錢這些東西，他能夠蠱惑人們，主動提供他所想要的任何東西。

流浪巫族們就不同了，他們沒有教廷的庇護，只能用他們僅剩的那點巫力去討生活。當然，這點瑞文是不明白的。

「你們想要召喚誰的亡靈呢？」胡倫問。

瑞文沒有在第一時間答話，他沉默地用手指輕敲著臉頰，最後和肩膀上的渡鴉亞森交換了個眼神。

「我們先從簡單的開始好了。」瑞文說。

「什麼意思？你們不只要召喚一個亡靈嗎？」胡倫皺起眉頭。

「對。」瑞文又從口袋掏出了一枚金色的袖釦放在胡倫面前。

胡倫盯著那金色的袖釦，上頭刻著一頭獅子的圖騰——

「這是顆獅派教士的袖釦。」胡倫拿起袖釦仔細端詳，用拇指摩挲。

「我聽說你可以藉由個人的物品聯繫到與這個人相關的亡靈。」瑞文說。

「是的。」胡倫還在把玩那顆袖釦。

和帶來死亡氣味的瑞文不同，嗅覺很敏銳的胡倫從袖釦上聞到了陽光和蜂蜜的氣味。那些常常來取締他違法的獅派教士聞起來都像這樣，蠢蠢的又天真爛漫。

「你們想要聯繫袖釦主人的亡靈？但我沒聞到死亡的氣味。」胡倫說，他拚命嗅聞著那顆袖釦。他們矇兔家還有一種能力——嗅出持有物品的主人死亡了沒。

「不，人還活得好好的，活蹦亂跳。」

「那你想要聯繫的是對方死去的誰？父親嗎？還是母親？」

胡倫不停問著，瑞文卻聳了聳肩說：「我不知道。」

「你不知道？」

「對，因為這正是我想弄清楚的事。給我個驚喜吧，兔子！」瑞文朝胡倫眨眼。

胡倫搖頭嘆息，血鴉男巫比起傳聞和想像中的還奇怪，他不清楚瑞文真正的目的是什麼，聯繫一個教士的逝去親人到底有什麼用意？難不成是想對教士的整個家族下詛咒？或是教士欠債了之類的？

總而言之，不管他的目的究竟是什麼，其實跟自己都沒什麼關係，一切都是那個因為不明原因惹到瑞文的教士倒楣。

「先說好，沒有指定的話，我可不確定會聯繫到誰，這是很隨機的。」胡倫嘟噥著。他雖然能夠聯繫亡者，卻不像鳴蟾家那樣每次都能拉到特定的靈魂。

也有可能，自己只拉到了教士幾年前養的小貓小狗的靈魂。

「不用擔心，你就試吧。如果成功了，接下來我們再試更難一點的靈魂。」瑞文說。

更難一點的靈魂？胡倫皺眉，他開始有點想把瑞文的錢退回去了。

「好吧，但我的力量有限，不管你們召喚亡者的目的是什麼，把握時間詢問你們要問的事。」胡倫邊說邊從一旁的架子上拿下正在小爐子上燒的茶壺，並再次拿出了茶杯。

胡倫將教士的袖釦丟進茶杯裡，隨後將紅色的茶也倒進了茶杯裡。

「接下來請保持安靜，因為我必須在不打擾神聖祖靈的前提下，全神貫注地尋找與袖釦主人相關的亡靈究竟在何方。」胡倫神祕兮兮地說著。

「你要去哪裡找呢？」

「這是商業機密。」

「鳴蟾家的祕密後花園嗎？」

「我說安靜！這是祕密！」雙頰漲紅的胡倫瞪了瑞文一眼後，端起眼前的茶杯一口氣喝光，接著閉上雙眼。

「他把袖釦也吞掉了嗎？」渡鴉亞森在瑞文耳旁驚呼。

「看來是的，不知道如果我當初從家裡偷出來的不是袖釦而是一把獵槍的話，他會不會也吞下去？」

「我猜他可能會改吞子彈。」

「又或者他嘴夠大……」

「咳咳！」胡倫用力咳了兩聲，才讓正在嚴肅討論他能不能吞槍的兩人安靜下來。

胡倫閉上眼，喝進去的熱茶和袖釦掉進了他的肚子裡，撲通一聲，帳篷內也在瞬間暗下，連同瑞文和亞森都被黑暗淹沒了。

當胡倫再度睜開眼時，他隻身一人獨處在黑暗中，手裡拿著袖釦，一條如蠶絲般的白線纏著袖釦，一路垂落到地面。

地面看起來像是一灘湖水，湖水之下的是更深沉的黑暗，但隱隱約約地閃起了詭異的綠色亮光，有個巨大的物體在微弱的轟隆聲中輕輕游過。

胡倫屏氣凝神，說什麼也不能被那東西發現他的存在。

所謂的商業機密，就如瑞文所說，胡倫能夠經由鳴蟾蜍家的「祕密花園」——地獄邊緣，來聯絡那些沉浮在地獄邊緣裡的已逝亡者。

這祕密連鳴蟾蜍家的人也不知道。

矇兔家族已經偷偷摸摸地從鳴蟾家的「祕密花園」裡撈亡靈出來，替那些給他們錢的人聯絡他們已逝的家人好幾百年了。

「快來快來，小魚們，看看誰能上鉤。」胡倫悄悄拉動著那條白色的絲線。

絲線沒入在黑暗裡，不知道綿延到多麼深處。然而時間一分一秒地過去，絲線始終沒有動靜。

「這個人是沒有親人嗎？」胡倫瞇起眼，他思索著絲線沒有動靜的可能性。

教士是世襲制，有傳聞教士的靈魂在死後不會游蕩在地獄邊緣，而是獲得他們所謂的「神的救贖」，去了天堂。不過胡倫認為這個可能性不大，大部分的教士都是混蛋，沒下地獄就不錯了。

就算是教士，最後靈魂還是會在地獄邊緣裡流連吧？

所以，最有可能的幾個原因是，這教士的親人的靈魂在過於深處的地方，難以尋找，或是根本沒有親人想認這個教士。

「人緣太差了吧？」

胡倫哼笑了兩聲的同時，絲線卻動了，並且在瞬間被拉直。

「上鉤了！」胡倫開始將絲線往手指上纏，試圖把底下的靈魂往上拉。原先應該很輕易能夠拉動的靈魂，卻在他拉到一半時停住了。

靈魂忽然變得很重，重到原先坐在黑暗中的胡倫都不得不站起身，向後傾斜，用盡全力拉扯那條絲線。

來自地獄邊緣深處的重量太重，纏緊的絲線甚至讓胡倫的手指變得腫脹不堪。他開始渾身冒汗、臉部漲紅連青筋都冒起。

再這樣下去，他會被一起拉下去！胡倫瞪大眼睛往黑暗中望去。

藏在地獄邊緣下的，到底是什麼樣的亡靈？

瑞文打了一個呵欠，一臉無聊地滑著手機。他正在瀏覽「女巫小知識達人L特(^ω^)」的推特，一一點選愛心，並用免洗帳號追蹤對方。

站在他肩膀上的亞森歪著腦袋問：「這種東西到底有什麼好看的？」

「殺殺時間嘛！」瑞文的雙腳交疊在占卜桌上，和亞森同時看向對面。

大約從十分鐘前開始，說要替他們召喚回亡靈的胡倫就一動也不動地坐在那裡，雙眼緊閉，像座雕像一樣，連呼吸的起伏也看不見。等得不耐煩了，瑞文只好開始滑起手機。

「況且這是唯一能了解這傢伙的管道。」瑞文又埋頭回去看起了這個帳號的發文，像個狂熱的粉絲。

「你對他太著迷了吧？」

「他是我小弟的教士，還是唯一能待在我小弟身邊這麼久的教士，是你的話你不好奇嗎？」

亞森不予置評地聳肩。畢竟他可不是個弟控。

「這傢伙能這麼厚臉皮地在社群媒體上分享教廷不想被人知道的小祕密，但和自己背景有關的相關資料卻都被教廷被列為機密檔案，這不是很矛盾嗎？」瑞文的眼睛幾乎亮了起來，像個好奇心旺盛的小朋友。

萊特．蕭伍德是個很神祕的傢伙。瑞文只知道他是蕭伍德家的孩子、神學院的資優生出身、有個擁有兩千多名粉絲的推特帳號——也就僅此而已。

或許是名門家的孩子，瑞文發現關於萊特的相關資料非常難取得。

「越查不到，你就越想查是不是？」亞森嘆息，有時瑞文對某些事的執著已經接近強迫症的程度了。

「還是你最了解我。」

瑞文笑著用食指彈了渡鴉的嘴巴一下，就在這時，帳篷內的蠟燭燭火忽然暗了一半，變成小小的星火。

一直沒有動靜的胡倫則睜開了雙眼。

瑞文轉頭，他放下了手機和雙腳，沉默地注視著眼前的胡倫。

胡倫變得雙眼白濁，看不見瞳仁，他張嘴輕輕嘆了口氣，白色的煙霧散了些許出來。

男巫似乎成功地召喚出了與教士有關的亡靈，但會是誰呢？瑞文笑咧了嘴。

只見胡倫原先半黑半白的頭髮逐漸變成了短褐髮，臉型改變，變得有點蒼白，有點模糊。

瑞文先是注意到了對方的眼睛，那雙原本混濁的白眼球上出現了一對淺淺亮亮的藍眼珠。

已經完全變了個模樣的胡倫蜷縮著，彷彿正小心翼翼地捧著什麼，只是他很快地發現自己懷裡什麼都沒有，這才抬起頭來。

瑞文和被亡靈附身的胡倫對上了眼，他們互相凝視著對方，直到瑞文困惑地歪了腦袋。

「瑞文？」

被亡靈附身的胡倫竟然喊出了瑞文的名字。和原本聲音渾厚的胡倫不同，是一位乾淨清澈的男性嗓音。

站在瑞文肩膀上的亞森感覺到瑞文坐正了身體，原本放鬆的姿態甚至變得有點緊繃。

「你是誰？」瑞文問。

「我在哪裡？」對方卻再度詢問。

「先回答我你是誰！」瑞文一掌拍在桌上，桌上的兔子銅像都被震得轉了方向。

瑞文過於激烈的反應讓亞森嚇了一跳，對方卻完全沒有搭理他，只是神色慌張地看著四周，然後質問瑞文：「萊特呢？你把萊特怎麼了？」

「回答我的問題！」瑞文朝著對方吼。

然而在給出瑞文答案前，胡倫的身體忽然劇烈顫抖起來，發出呼吸困難的聲音。他朝瑞文伸出了手，面容在亡靈的面貌及胡倫原本的面貌間交錯著。

只見真正的胡倫掙扎著，一臉痛苦地對瑞文求救：「快停下來！不要繼續了！」

「我還沒問完話！那個人到底是誰？」

「我說快停……不然她……要從地獄裡……上來了……」胡倫哀求著。

「她又是誰？」

瑞文的話音才剛落下，胡倫卻忽然安靜下來，他的雙眼再度翻白，整個人停在原本的姿勢上。他的頭髮再度變長，這次的長度幾乎到達地面，髮色則變得又淺又淡，在燭光下看起來像是全白的。

瑞文深吸了口氣，他看著胡倫的面容變得纖細，神韻也變得柔軟，新的亡靈在短短幾秒內取而代之，占據了胡倫的身體。

瑞文凝視著眼前的女性，他皺著眉頭，正要張口說話，新的亡靈卻打斷了他。

「你以為你在做什麼？」胡倫嘴裡發出了女性的嗓音，原本柔美的臉孔一下子變得消瘦而陰沉。

四周的燭火頓時猛地向上竄燒，變成了不自然的綠色，原本平靜無聲的帳篷內更颳起了奇怪的冷風。

地面和桌子震動起來，整個帳篷都像在經歷一場劇烈的地震。伴隨著這樣的劇烈震動，占據胡倫身體的亡靈指向瑞文，發出了刺耳的尖叫聲：「不——准——碰——他！」

胡倫站起身，長髮四散，像蜘蛛網一樣遍布了整個帳篷，把瑞文和亞森束縛在帳篷內，像蟬繭一般。

「瑞文！」亞森不安地揮動起翅膀。

唯獨瑞文依然動也不動地坐著，他注視著亡靈，表情很平靜。

「別擔心，死人是起不了作用的。」面對恐怖的亡靈，他毫無懼意。

瑞文站起身，伸手一一熄滅身邊的蠟燭，他對著亡靈說：「離開吧，妳沒有辦法阻止任何事。」

亡靈持續對瑞文發出了憤怒的尖叫聲，在一一熄滅的燭火之下，原本滿布帳篷的髮絲逐漸萎縮消褪，一團黑氣從胡倫嘴裡逸出。

胡倫嘔吐著，試圖呼吸，逐漸找回聲音的他斷斷續續地說著：「我……要……被拉下去了……」

待帳篷內恢復平靜後，凝聚在瑞文他們面前，型態恍若女人的黑色煙霧也成了一團粉塵，最後掉落在地面，消失得無影無蹤。

胡倫則在深吸了一大口氣後，往前一趴倒在桌上，那口氣就再也沒吐出來過了。

瑞文挑高眉尾，試探性地戳了戳倒在桌上的胡倫，但對方早已渾身僵硬、皮膚泛白而龜裂。

「難怪人家都說通靈是個危險的能力，真是抱歉了，伙伴。」瑞文雖然這麼說，臉上卻看不出太大的歉意。他伸手將胡倫的雙眼闔上，嘴裡默念著些什麼。

正當亞森猜測著瑞文是不是在哀悼對方時，瑞文一臉惋惜地轉過頭來看向他說：「只可惜胡倫撐不住亡靈的重量，被拖進了地獄裡，不然我們應該有機會進行下一步的。」

「先不說下一步了，剛剛到底是怎麼回事？」亞森不安地問，他從來沒見過巫族通靈出現剛剛的情況。

第二個亡靈的氣場太強悍，不僅是胡倫撐不住，連他這個局外人都有點被那股氣勢震住了。

「我就說金髮小教士很有意思了吧！」瑞文笑瞇了眼，「為了那個小教士，兩個靈魂輪流爬上來，其中有一個還是從地獄裡爬上來的。」

而地獄通常只有巫族的靈魂會徘徊——

聽著瑞文的暗示，亞森歪著腦袋，隨後才像恍然大悟地發出了叫聲：「這是個天大的醜聞！」

「難怪完全找不到他的背景資料，一定是被什麼人偷偷隱藏起來了。」瑞文說。

「但那兩個亡靈究竟是誰？」

瑞文沒有答話，而是轉身離開了狹小的吉普賽帳篷。帳外是陰暗的小巷道，巷道裡還有許多類似的帳篷擺設著。

瑞文伸了伸懶腰，從陰冷的小巷道內一路走到外頭有陽光的大街上，他們混在人群裡，有些突兀，但也不算奇怪。

亞森不知道瑞文究竟在想什麼，對於那兩個亡靈，他唯一有的線索是——兩個亡靈似乎或多或少都認識瑞文。

不過瑞文似乎不是很想提這件事。他帶著亞森隨意搭上了路邊的巴士，並且問了巴士司機一句：「這裡有到靈郡的東區附近嗎？」

巴士司機搖搖頭：「沒有，這班車是要去西區，白懷塔那附近。」

瑞文也不在意，他僅僅看了司機一眼，微笑著道：「那麼我們現在改開往東區好嗎？」

巴士司機著了魔似地點了點頭。

很快的，不顧乘客們的抗議，原本預計前往白懷塔的巴士改變了方向，惹得乘客們紛紛下車，瑞文則是愜意地帶著亞森往空出來的位置坐下。

「胡倫死了，我們沒問到真正要問的亡靈，也沒問到重要的事，現在你打算怎麼辦？」待坐下後，亞森轉而問了別的問題。

「當然是去找下一個足以扛起女巫亡靈的人。」瑞文伸出手指摸了摸亞森的鳥喙：「不過這次我們不要花時間找這些雜牌男巫了，還是去找專業的吧。」

「他會願意幫你嗎？」

「我會讓他願意的。」

亞森用他的小渡鴉腦袋蹭了瑞文的手指兩下，接著他回頭看向車窗外離他們漸漸遠去的小巷道。

「胡倫的屍體怎麼辦？流浪男巫死亡，教士們一定會來調查。」

「克拉瑪與小眼鏡蛇嗎？別擔心，我這次也留了點驚喜給他們，算是報答他們的辛苦追查。」

「驚喜？」亞森想起來瑞文闔上胡倫雙眼時的默念。

或許那不是哀悼，是某種惡毒的小咒語吧！

瑞文微笑，一臉悠閒地靠在車窗旁望著窗外的景色，遠在他們的車後，陰暗的小巷道裡逐漸飄出如粉塵般的黑色煙霧。

小巷裡有著兔子耳朵的吉普賽帳篷內，有具身體燃燒了起來。

CHAPTER 2

人夢

請記住幾個入夢後的大原則——

第一，不要脫稿演出。你可以即興，但千萬不能和原本的回憶劇本差太多。

第二，如果是幼時回憶，請確保幼時的回憶按照當年的回憶進行。

第三，有時候找到的回憶可能不是真的回憶，而是該教士自己做過的夢或幻想而已。遇到這種情況，無視就好，找扇門繼續前往下一個場景。

第四，不要被殺掉了。

最後一點，殺掉朱諾殺掉朱諾殺掉朱諾殺掉朱諾殺掉朱諾殺掉朱諾殺掉朱諾……

萊特倒抽了一口氣，他在一個陌生的房間裡驚醒，渾身冷汗的他發現自己躺在地板上，天花板上的大天窗外則是一片漆黑。

他人在哪裡？發生了什麼事？

萊特坐起身，腦袋也像剛睡醒般迷迷糊糊的，還有些刺痛。

甩甩腦袋，他只記得在自己失去意識前，正和柯羅他們圍成一圈，在黑暗裡，看著針蠍在他們中間穿梭，聽著針蠍呢喃。

針蠍都呢喃了些什麼呢？

殺掉朱諾殺掉朱諾殺掉朱諾殺掉朱諾殺掉朱諾殺掉朱諾殺掉朱諾……

一陣耳鳴讓萊特的腦袋嗡嗡作響，直到年輕男人的聲音從後方傳來，打斷了那不斷迴響在他腦海裡的話語。

「你睡醒的模樣看起來好蠢。」

萊特被嚇得幾乎跳了起來，他一扭頭，那名短紅髮的針蠍男巫賽勒竟然坐在沙發上，一臉慵懶地用右手支著臉看他，不知道在那裡觀察他多久了。

「我們在哪裡？我們本來不是在黑萊塔嗎？你對我做了什麼？」萊特確認了一下自己平安無事，接著問道。

賽勒凝視著萊特，挑了挑眉，用毫無波瀾的語氣道：「你現在在我的邪惡堡壘裡，我迷暈了你們，然後把你帶回家，打算讓你當壓寨夫人。」他指著萊特命令道，「現在，夫人，把你的衣服脫了。」

萊特沒有動靜，他注視著賽勒，賽勒也注視著他，兩人對峙著，直到萊特真的開始動手脫衣服。

「嘖，你是聽不懂玩笑話嗎？」賽勒對著就要跳起脫衣舞的萊特喊停。

「又是玩笑？」已經準備寬衣解帶獻身的萊特，表情看起來竟然有點惋惜。

「廢話，這麼明顯還用問嗎？」賽勒翻了個白眼，金髮教士比他想像中還怪。

「我們現在到底在哪裡？柯羅和榭汀呢？」爬起身的萊特四處張望，房間裡就只有他和賽勒兩人而已。

萊特發現了他們所處的房間有多麼怪異。房間不大，內部就只有兩張單人床和賽勒身下坐的沙發，一張有著紅蠍子圖案的大地毯鋪在地上，床邊桌上還放著一些生活用品，全都成雙成對。

幾個相框放在那裡，但因為光線太過昏暗，萊特看不清裡面的照片。

然而最奇怪的地方在於，這個房間內竟然沒有門的存在，布滿四周的只有各種形狀的窗戶。

萊特抬頭看著那些以不規則形狀排在一起的窗戶，那些窗戶有圓形、四方形的、也有三角形的，像萬花筒一樣。

但一眼望去，每扇窗戶外都是一片漆黑。

「你剛剛是睡著了還是撞到腦袋失憶了？我們上一秒才剛做完儀式，你下一秒就忘記自己在哪裡了？」賽勒哼了聲，手上不知何時多了杯紅酒。他提醒道，「我們現在在紅髮教士的腦袋裡，他的回憶與夢境之地。」

「這裡是鹿學長的腦袋裡？」萊特詫異地看了眼四周，「鹿學長的腦袋原來就這麼一丁點大啊？」

「不，正確來說，這裡是我在紅髮教士腦袋裡構築的房間，房間外才是他的腦袋。」

賽勒用手指輕點了兩下沙發的扶手，在萊特反應過來前，他人已經向後跌坐在突然冒出來的沙發上。沙發還自動將他移到了賽勒面前，讓他和這位陌生的男巫近距離面對面。

賽勒冷漠地瞪著萊特，姿態很高，教士卻沒像他所想的縮進沙發裡，反而像隻熱情的黃金獵犬湊上來拍著他的大腿說。

「酷！你還能變出什麼東西？這個房間是你能隨意控制的嗎？如果現在要你變出一臺大電視和卡拉ＯＫ，你能變得出來嗎？」

賽勒的眼皮抽搐了兩下，看著雙眼發亮的教士，他又嘖了一聲，揮揮手指把對方挪遠了點。

教士似乎不畏懼、不厭惡巫族，還過分熱情了。

現在的教士都是這樣的嗎？

萊特讓賽勒想起了某個大主教。

「讓我們先回到正題。」賽勒換了個輕鬆點的坐姿。

「喔，對對對！鹿學長的腦袋！」萊特咳了兩聲，自己都不好意思了，

「我們現在是成功入夢了？」

「是的，你們都是。」賽勒輕敲扶手，房間內的其中兩扇窗忽然亮了。

萊特轉頭望去，窗外有兩個和萊特所處一模一樣的房間，裡面各坐著一個賽勒。

於此同時，萊特也看見了榭汀和柯羅，他們和他一樣在房間裡，正在與其他賽勒對話。

榭汀和賽勒的談話似乎已經到了尾聲，他手裡拿著一把和當初賽勒拿來讓他們入夢的器具一模一樣的長長黑針，在他對著賽勒點了點頭後，映著他們的那扇窗便暗了下來。

而另一扇窗外的柯羅還在和賽勒爭吵著什麼，那邊的賽勒看上去很不耐煩，隨手往他們的方向一指後，柯羅轉頭，就大喊著什麼，然後氣勢洶洶地要往他們的方向撲。

只是賽勒沒讓他得逞，響指一打，柯羅的那扇窗也再度暗下。

「看，他們都還活蹦亂跳的。」賽勒說。

萊特這才稍微安心了點，乖乖坐好，再度看向賽勒。

「現在告訴我，你們進入紅髮教士的回憶裡的任務是什麼？」賽勒問。

萊特很乖巧地回答：「清除鹿學長回憶裡所有的朱諾。」

彷彿要試探他是否真的記住了所有的話，賽勒又問：「幾個入夢後的大原則呢？」

萊特的腦袋裡響起了針鰍的那些呢喃，他一一回答：「不要脫離劇本、確保回憶按照原本的現實進行、千萬不能被鹿學長發現，還有不要被朱諾殺了！」

「看來你也不是真的像表面看起來這麼蠢。」

「你這樣稱讚我，我會不好意思……」金髮教士扭動著身體。

「我又不是在稱讚——」賽勒嘆了口氣，都沒繼續說下去的體力了，幸好他已經脫離教廷很久了。「總之，等你正式進入紅髮教士的回憶後，請切記遵守這些原則，並好好地執行任務。」

「明白！」

「為了讓你們不被紅髮教士輕易發現，我會讓我的信使協助你們。」賽勒說話的同時，一隻有著漂亮金屬色澤的紅色小蠍子沿著沙發爬到了萊特肩上，再一路爬進了他的衣領裡。

蠍子在胸口亂爬的麻癢感讓萊特差點跳下椅子，賽勒卻威脅道：「別動，小心別壓扁了我的信使，你壓扁他，我就壓扁你。」

「但他正在往很奇怪的地方爬行……」萊特就像是屁股長蟲一樣不斷扭動著身體，就差發出嬌喘了。

但賽勒沒打算理他。

「我的信使們可以幫助你變換你的型態，讓你的行動保持低調。」

「怎麼變？」

「想著你想變換的型態，打個響舌，讓牠刺你一下，你就可以——」

萊特歪了歪腦袋，好奇心旺盛的他沒有多想，直接打了個響舌。在萊特胸口處爬行的蠍子像是反射動作一樣，迅速又猛烈地用尾巴往萊特胸口上螯了一下。

「好痛！」萊特喊出聲的同時，他的身體瞬間變換了形態。

啪的一聲，一隻冰冷黏膩的巨大觸角打到賽勒臉上。

賽勒冷著一張臉，用幾乎足以殺人的眼神將臉上濕濕黏黏的觸手拔下來。

「你是認真的嗎？這就是你能想到最低調的型態？」賽勒瞪著眼前攤在沙發上的一坨章魚，章魚萊特手舞足蹈著八隻腳，一邊喊著。

「酷酷酷酷酷酷——」

看著眼前快樂的金色章魚，賽勒只想著是不是要違背和榭汀的約定，先變出一個油鍋來，把變成章魚的金髮教士丟進油鍋裡炸……

「我一直都很想變成章魚看看，我可以噴墨汁嗎？」

到底是什麼樣的人會一直都夢想著變成章魚看看？賽勒眼角抽搐，他用手掌按著臉，已經有點到忍耐極限了。

「不行，快變回來！」

「怎麼變？」

「再打一下響舌。」

萊特照做，終於變回了人型，他雙眼亮晶晶地看著賽勒，一臉興奮地準備再試一次。

「鯨魚呢？我有辦法變成鯨——」

「夠了！」

在萊特要打第二次響舌前，賽勒一把摀住了他的嘴。

「等你真的有需要的時候，再使用我的信徒。」賽勒一個字一個字說，幾乎咬牙切齒。

在遇到萊特之前，他以為世界上沒有人能比朱諾更煩了，事實證明世界總是能給人驚喜。

「抱歉。」在賽勒冷酷的瞪視下，萊特乖乖收起了舌頭。

「接下來，我要告訴你最重要的事，你最好仔細聽清楚。」

冷冷瞪著萊特的賽勒整了整領帶，他嚴肅地提醒萊特：「我和你說過，在你進到紅髮教士的回憶裡之後，你必須盡你所能地去尋找藏在每個回憶片段裡的朱諾，然後清除掉他。」

「所謂的清除究竟是什麼意思？怎麼清除？」這是賽勒唯一沒有在入夢前告訴他們的事。

「我現在就是要告訴你方法。」賽勒邊說邊將手伸向背後，一根如同手臂這麼長的黑色針刺被他拔了出來。

不久前，萊特才在榭汀手上看過這根針刺。

萊特左右晃動，很想知道這針是從哪裡被拔出來的，但賽勒並沒有給他這個機會，他將黑色的針刺交到萊特手上。

「所謂的清除，就是殺了每一個在回憶裡本來不該存在的朱諾。」

黑色針刺很輕，輕到幾乎沒有重量，頂端卻非常尖銳。

「找到朱諾，握緊這把黑色的針，並且瞄準朱諾的這裡——」賽勒將手掌按到了萊特的左胸口，心臟的正前方，「然後用力地朝他的心臟刺進去，像用木樁殺死吸血鬼那樣，絕對不要留情。」

賽勒示範了一次動作，有一度萊特甚至覺得，如果黑色針刺還在男巫手上，對方是真的會將那根針刺刺進自己心臟裡。

「一定要確保針刺得夠深，確認他有確實死亡，如此一來才能將他清理乾淨。」

萊特吞了口唾沫，緊握著針刺說不出話來。他沒料到所謂的清除，竟然是要拿東西刺進對方的心臟裡。

「別擔心，你們殺的只是幻影，並不是真實的朱諾……雖然這確實會讓他生不如死。」賽勒觀察著萊特的神色，他有些嘲諷地笑道：「你不需要擺出一臉震驚的虛偽樣，你們教士不是從小就被訓練著要如何獵殺女巫嗎？這應該只是小意思而已。」

「雖然獵殺女巫是必修科目，這不表示所有教士每天都想著要——」

「不用跟我說這麼多。教士，把你的大愛拿去用在別的地方，我已經不當教廷的男巫很久了，不需要你的『教士諮詢』。」賽勒打斷萊特的話，又遞給他一個小玻璃瓶。「當你殺死那些朱諾之後，那些幻影會變成小碎塊，把小碎塊收集在裡面，帶回來給我。」

「你不會跟我們一起行動？」

「不會，但我會待在這裡監控你們所有的行動，防止有人真的不小心被朱諾殺死了。畢竟我兄弟是個瘋子，他的幻影當然也是。」

萊特吞了口唾沫：「被朱諾殺死會怎樣？鹿學長的腦袋真的會爆炸？」

「……總之，盡量不要被殺死就對了。」賽勒皮笑肉不笑。

萊特深吸了口氣，他握著手中的黑色針刺和小玻璃瓶，兩者在他手上忽然都有了些許重量。

「現在站起來，你要準備出發了。」

萊特隨著賽勒起身，他四處張望，手足無措地問道：「我要從哪裡出發？」

賽勒雙手插在口袋裡向上一看，各種形狀的窗口一一亮起，這次映照出來的不是一模一樣的房間，而是各式各樣不同的場景。

有的場景是黑萊塔內部、有的場景是暹貓家的宅邸、有的場景則是萊特很眼熟的森林和湖畔……那些場景在窗與窗之間隨機跳動著，像電視的片段一樣。

這些場景唯一的共通點就是，裡面都有個丹鹿。

「窗外是紅髮教士所有的回憶、幻想與夢境，開窗出去後，你會隨機被丟到一個場景裡。」賽勒說。

「但我要怎麼知道朱諾在哪裡？」

「我的針會引導你，當你接近朱諾時你就會知道了。但記得，不要誤殺真實存在過紅髮教士記憶裡的朱諾。」

「明白……」話還沒說完，萊特就像小狗一樣被賽勒一把拎住後領，強迫帶往最近的那扇窗戶前。

「等等，我還有一個問題！我要怎麼回來這裡找你？」萊特問，他看著賽勒將其中一扇窗打開。

窗戶外的景色不斷變化著，幾乎是每幾秒就切換一次。

「我會在這裡看著，當我認為你們可以回來時，我會通知你們，並把你們拉回這個房間。」

賽勒不斷推著萊特上窗臺，此時窗外的景色正在高樓大廈上，距離地面有好幾十層樓高，底下車水馬龍的，車子都像螞蟻這麼小。

「好了，去吧。」賽勒說。

「等等，可不可以等外面再換個景色？」

萊特扒在窗邊，賽勒跟著往外頭看了一眼，然後他聳聳肩說：「不能。」

賽勒伸手用力一推，萊特被推了出去。

萊特尖叫著一路墜落，雖然是在鹿學長的腦袋裡，但他會不會就這樣摔得支離破碎啊？

就在萊特墜落的同時，周遭景色依舊不停在變換，直到萊特重重落地為止。

他摔在了草地，而不是柏油路上。

吃了一嘴雜草的萊特不明所以地爬起身，他不在車水馬龍的大街上，而是某處的小草皮上。

陽光亮得他不得不用手遮掩，旁邊有小鳥在叫，空氣裡還有股清新的香味。

萊特一抬頭，竟然看到了相當眼熟的建築物。

眼前這座宏偉的建築物，看起來很像他和鹿學長曾經就讀的神學院……

不，當萊特看到石牆上掛著的獅子和老鷹圖騰旗幟時，他就確定了自己在神學院裡。

難不成他回到了鹿學長學生時期的回憶裡了？

萊特撓了撓後腦勺，身後忽然有人叫住了他。

「萊特，你傻傻地站在那裡幹嘛？」

萊特腦門一麻，當他聽到這個聲音時，他知道自己麻煩大了。

還記得入夢的規則嗎？

「鹿……學長？」

不應該被丹鹿發現他們的存在。

CHAPTER 3

幻想

「萊特！」

當在房間內的柯羅看到窗外正在和賽勒對話的萊特時，他的第一反應就是要衝上去把教士帶回自己身邊。

然而在他開窗前，賽勒便讓原本明亮的窗戶暗了下來。

柯羅狠狠撞上了硬邦邦的玻璃窗，沒有亮光的窗戶就像被水泥封死似的，怎麼推也推不開。

「我讓你們入夢，可不是要你們進來開同樂會的。」他身後的賽勒坐在沙發上，在看到柯羅很執拗地要確認他的教士安全無虞後，忍不住皺起眉頭道，「緊張什麼，我又不會吃了他。」

「我警告你，最好不要耍什麼花樣！」柯羅緊緊握著拳站在窗前，當他轉頭瞪向賽勒，他腳下飄忽不定的影子竟然在瞬間變成了一個巨大的黑色陰影，並一路延伸向賽勒。

賽勒吹了聲口哨，他沒料到在自己構築出的幻覺和房間裡，柯羅竟然還能使用自己的能力，這和他印象中那個只會在黑萊塔仗著自己極鴉家身分搞惡作劇、沒什麼能力的小手電筒不太一樣……

「我還能耍什麼花樣呢？」賽勒冷哼了幾聲。從入夢開始，為了那個金髮教士，柯羅就是最不配合的那一個。「你們現在雖然正分散在紅髮教士的腦海裡，但肉身正排排坐在外頭，你的好朋友絲蘭還讓他的小母獅用獵槍對準我的腦袋——我沒那個閒工夫耍花樣吧？」

賽勒的解釋似乎沒讓柯羅卸下多少戒備，柯羅只是盯著黑漆漆的窗戶，彷彿佛萊特還在窗外。

「你似乎非常在意自己的教士呢，柯羅。在我印象中的你，對教士應該是不屑一顧的……那個金髮教士有什麼特別的嗎？」賽勒忍不住好奇地詢問。

除了喜歡變成章魚或鯨魚這點之外。

柯羅沒回應，只是惡狠狠地對著賽勒說：「反正不准動他就對了！」

賽勒挑眉，當柯羅抬頭向他撂下這句話時，他的聲音聽起來像是從他腹部裡發出來的——看來某人的肚子似乎很餓，餓到連帶影響了主人。

看著被陰影籠罩的柯羅，那種有些神經質的模樣竟讓賽勒想起了其他極鴉家的成員。似乎在某個時間後，他們都會從原先和善的面貌開始轉變得偏執又神經——就像深受雙子詛咒的針鱖家，或許這也是極鴉家逃不出的某種詛咒。

「放輕鬆，要是真的想對他怎麼樣，你的教士早就變成油炸章魚了。」賽勒說。

「什麼章魚？」

賽勒搖搖頭，不多解釋。他忍不住猜想，柯羅會變得這麼神經質，是不是根本是那個金髮教士害的……

「先不說這些了，現在你們的任務要緊，」他起身走向柯羅。

柯羅瑟縮了一下，很明顯都做好了戰鬥的準備。

警戒心強得跟野貓一樣，賽勒心想。

他對著柯羅翻了個白眼後，將身上的黑色針刺和玻璃瓶交給柯羅，對他做出了和萊特一模一樣的提醒。

同樣的，他也給了柯羅一隻小蠍子。

不過相較於動不動就變成章魚的教士，柯羅什麼動作都沒有。看，這才是正常人拿到他的蠍子的第一反應。

「我會在這個房間裡等你們回來。」當房內的窗戶一一亮起時，賽勒幾乎是迫不及待地將柯羅拎到窗邊去。

「你最好確保我們幾個都能安然無恙地回來。」柯羅站在窗邊，轉身警告著賽勒。他的影子藉由外面的光，逆向籠罩在賽勒之上。「不然我絕對跟你沒完沒了。」

賽勒可以感覺到那抹影子彷彿有重量，沉甸甸地壓在他身上。這可不像是小奶貓張牙舞爪示威般的警告，而是真真實實的威脅。

「你還真像你哥。」賽勒冷哼一聲後笑了，「你是從他身上學來的嗎？他最近該不會是回到你身邊了吧？」

論惹毛人，賽勒可是無人能出其右。

果然，下一秒柯羅整個人就炸毛了，他和他腹部裡的東西開始對著賽勒吼：「閉嘴！不准提到那個人！」

賽勒建構出的房間開始震動，幾扇窗戶竟然裂了。

「你要是敢再提到那個人，我就——」

眼見柯羅開始失控，賽勒嘖了一聲，想都沒想，直接用力將柯羅推出窗外。

盛怒中的柯羅連反抗都來不及，只能眼睜睜地看著賽勒從窗戶探出頭來，俏皮地伸手和他說再見，然後整個人不斷往下墜落。

在確認柯羅消失在眼前後，賽勒將窗戶關上，再度坐回了小沙發上。

窗戶一扇扇亮起，每一扇都分別追蹤著榭汀、萊特和柯羅的畫面。

「好啦，接下來就看你們好好表演了。」賽勒坐在位置上喝起了他變出來的紅酒，他看向房間內成雙成對的擺設，希望這個空間裡很快能變成純粹的單人房。

榭汀是最早出發的人。

大概是因為他急於清除朱諾的模樣逗樂了賽勒，那個似乎也無法忍受他兄弟的針轍男巫並沒有為難他，只是在把東西交給他之後，就將他送進了那些古怪的窗戶中。

從窗戶走出去，就像走進了一道亮光裡，讓榭汀不得不伸手遮著光。賽勒說過由於一個人的記憶和夢境數量太龐大了，當他們入夢之後，會被丟進的都是隨機的回憶，所以他們也沒有人能臆測自己究竟會進入哪些記憶裡。

榭汀走著走著，那道亮光終於稍微黯淡下來。

他放下手，發現自己又進到了一個小房間。

不過並不是像賽勒建築出的那樣毫無人味又古怪的房間；相反的，這間小房間看起來溫馨又舒適，空氣中還散著一股奶香味。

榭汀不解地皺起眉頭，他小心翼翼地向前走，目光很快就被擺放在房間正中央的嬰兒床吸引了。他踩著貓步走上前，緩緩地探頭查看嬰兒床裡面。

一個圓滾滾的紅髮小嬰兒就躺在裡面，嘴裡一邊咬著積木，一邊盯著他看。

榭汀張大眼，看著小嬰兒的包屁衣上繡著「鹿鹿」兩字，他驚訝地張開了嘴：「神聖的大女巫啊！你是寶寶鹿鹿嗎！」

小嬰兒盯著榭汀看，沒什麼反應，只是很熱衷地吸著積木。

榭汀沒料到自己會來到這層回憶，嬰兒時期通常沒什麼記憶，但現在看來也許不是沒有記憶，只是被封存在某個角落而已。

榭汀將手裡握著的黑針先收起來，他看著嬰兒床內的丹鹿，滿臉好奇。

現在想想，兩人在一起閒聊時，丹鹿其實很少提及自己的私事。大部分時間，他的話題都圍繞在萊特和他的弟妹們身上，只有最近偶爾會提及他和蘿絲瑪麗。

丹鹿的皮夾厚厚一疊，除了讓榭汀鄙視的折價券外，裡面放滿了他和弟妹們的照片。

丹鹿弟妹的小嬰兒照榭汀大概都看過一輪，唯獨沒看過丹鹿自己的。

然而現在一個活生生、熱騰騰的寶寶丹鹿就這麼出現在他面前，榭汀簡直像是看到角落裡的老鼠的貓，眼睛都亮了。

「噗噗——」小嬰兒丹鹿對著榭汀吐出了口水泡泡，吸膩了積木的他開始對榭汀伸出濕漉漉的小手，要求抱抱。

「不，賽勒說過我們不能脫稿演出，不然很可能會擾亂你的記憶讓你的腦袋爆炸。」榭汀趴靠在嬰兒床邊，哄著裡頭的嬰兒。

但得不到擁抱的嬰兒哪管得了這麼多，他開始淚水凝聚，準備在嬰兒床裡哭鬧打滾。

榭汀猶豫地想了想，假設成年的丹鹿根本不會記得這段記憶，那他的介入應該不會引起太大影響……

「好吧，只能一下下喔。」榭汀最後妥協了，他把丹鹿抱出了嬰兒床，舉高高的。

原本正準備大鬧一場的嬰兒丹鹿破涕為笑，對著榭汀開始咯咯咯地笑了起來。

「這個時候的你都還沒長牙齒呢，鹿鹿。」榭汀看著被他舉高的寶寶丹鹿，很難想像小傢伙以後會長成一個每天都很厭世、為了薪水面對他的捉弄也只能咬牙切齒忍耐的社畜。

榭汀將寶寶丹鹿抱進懷裡哄，寶寶丹鹿的體溫很暖，還伸出小手緊緊抓住了他的手指，好像試圖在用自己的方式擁抱他一樣。

榭汀忍不住微笑，他不知道多久沒體驗過這麼溫暖的擁抱了。或許以前曾經被母親或蘿絲瑪麗擁抱過，但那些感覺早已被吞噬殆盡，她們自己也都記不得了……

如果可以，榭汀想努力記住現在這一刻的感覺——

噗！

然而溫馨的場面沒有持續多久，伴隨著氣體聲響，除了飄散上來的臭味外，榭汀還摸到了一袋熱熱的東西。

他低頭看向寶寶丹鹿，寶寶丹鹿小臉漲紅，五官全部縮在一起，好像正在努力從身體裡面擠出什麼東西的模樣。

榭汀沉著一張臉，一手捏著鼻子，一手默默地把正在便便的寶寶丹鹿放了回去。

「這件事你不說，我不說，沒人會知道。」榭汀隨手拿了條毛巾擦手。他瞪著小寶寶丹鹿，和此時此刻毫無行為能力只專心在拉屎這件事的小嬰兒做好約定。

但就在榭汀擦手擦到一半時，一個女人哼著歌，一邊搖著奶瓶闖了進來。

被突襲的榭汀嚇了一跳，他轉過身瞪著那個搖著奶瓶的女人看，女人卻像絲毫沒有注意到他的存在似的，一邊笑著一邊接近丹鹿，用最親暱的語氣哄著裡頭的小嬰兒：「鹿鹿，該喝牛奶囉！」

榭汀咕嘟地吞了口唾沫，看來在丹鹿的記憶裡，除了被丹鹿本人發現記憶才會產生變動外，被其他人發現並不會影響原本的記憶。

不過還是太大意了，入夢而不被入夢對象發現原來並不是這麼簡單的事。榭汀衷心希望萊特和柯羅那兩個蠢蛋沒有犯同樣的錯。

榭汀看著女人溫柔地將丹鹿從嬰兒床內抱起，女人有著一頭紅髮，濃眉，長得和某人很像。

「初次見面啊，瓦倫汀媽媽。」

榭汀在一旁輕輕呢喃了聲，他看好戲般地在幾秒後看到原先滿臉溫柔的丹鹿母親露出了和他剛剛一模一樣的嫌惡表情。

「海爾！來清你兒子的大便！」

女人對著樓下喊，接著一個男人拿著尿布急急忙忙跑了上來，對著丹鹿第一句話就是：「你怎麼這麼會大便啊？」

這位大概就是丹鹿的爸爸了。

「大概是遺傳到你了。」

「才不是咧，一定是遺傳到妳！」

榭汀沉默地看著瓦倫汀夫妻一邊鬥嘴一邊替丹鹿換著尿布，瓦倫汀家看起來相當熱鬧。當事人丹鹿只顧著笑，還偷看了榭汀一眼。

榭汀跟著微笑，最後他對著寶寶丹鹿比了個「噓」的手勢，打開房間裡的窗戶跳了出去。

這份記憶很美好，只可惜不是他要找的那些記憶。

「萊特，你傻傻地站在那裡幹嘛？」

聽到這個聲音時，萊特真的以為自己闖大禍了，他竟然一入夢就被鹿學長給逮個正著！

「鹿……學長？」只不過當萊特轉過頭時，他發現事情也許沒有自己想像得這麼糟。

萊特瞇眼看著眼前跟他身高幾乎一模一樣的丹鹿。

什麼時候鹿學長變這麼高了？

「怎麼了？為什麼這樣看著我？」丹鹿問。

當他微笑時，他牙齒閃現的亮光刺痛了萊特的眼睛。

旁邊正好有一群神學院裡的學妹聚在一起，她們對著身高有一百八十幾公分的丹鹿發出了陣陣驚呼聲，每個人眼裡還冒著愛心……真的愛心。

萊特可不記得鹿學長在神學院裡時有這麼受歡迎。

「別站在這裡發呆，我們還有很多事要做呢！」那個一臉帥氣、頭髮又莫名有光澤的丹鹿一把摟住萊特的肩膀將他往前帶，一邊還對著女孩們揮手致意。

女孩們則在一陣尖叫聲中紛紛軟倒在地。

這到底是哪個年代的漫畫才會出現的場景?萊特心想。

當他往天空上一望時，上面竟然還有架飛機用雲朵飛出了——世界不能沒有丹鹿瓦倫汀——的字樣。

萊特揉了揉眼，再看向身邊這位「高大壯碩」、「英俊酷帥」的鹿學長，他很快就認知到自己進入的並不是鹿學長的真實記憶。

賽勒曾提醒過他們，當他們入夢之後，有時候找到的回憶可能不是真的回憶，而是鹿學長自己做過的夢或幻想……

萊特一抬頭，原本掛著獅子與老鷹旗幟的學校大牆上，忽然又放出了一面巨大的肖像畫，上頭正是他身旁這位英俊瀟灑的鹿學長。

丹鹿．瓦倫汀，全學年第一資優模範帥哥，女孩們的夢想。

上面是這麼寫的。

看看剛才所發生的事，再看看他身旁這個高大魁梧的帥哥丹鹿，如此不切實際且毫無邏輯的景象，萊特明顯地是進入了鹿學長的某種幻想裡。

這真的是……

萊特只能摀住嘴，克制自己不要狂笑出聲。如果被鹿學長知道自己的祕密幻想被人窺探到，大概會一拳揍爆他。

「我們要去哪裡？」萊特問。

「當然是去工作啊！你忘了我們還有案子要查嗎，菜鳥？」酷酷的鹿學長酷酷地說，還戴上了他酷酷的太陽眼鏡，順便把萊特帶到了他酷酷的跑車前。

這個鹿學長太酷了，酷到萊特都不忍直視。

憋笑憋得很辛苦，但萊特還是努力忍耐著，並舉手發表疑問：「學長，你的跑車是哪來的？」

「你在說什麼傻話，這是教廷配給我的車啊，畢竟我是他們最優秀的教士。」很酷的鹿學長聳了聳肩，就差沒叼根雪茄了。

「這倒是很好的幻想，我也有這樣的幻想。」萊特點點頭道。

「做人不要幻想，要努力實踐！像我一樣，準備去當個優秀的教士吧！」

這位幻想裡的鹿學長莫名熱血，強壓著萊特坐到副駕駛座後，他自己則坐上了駕駛座，帥氣地發動引擎。

被塞進副駕的萊特還沒來得及說話，這位鹿學長就踩下油門狂飆起來。

另外，不知道是不是因為萊特某次和丹鹿閒聊時曾經提過，他希望汽車排出的廢氣全都是彩虹，聞起來也像彩虹糖就好了——他們的跑車真的一路噴著彩虹在前進，聞起來也真的像彩虹糖。

丹鹿所有幻想過的東西似乎都在這個場景裡，但或許就是因為是幻想出來的白日夢，這個場景似乎很不穩定。

萊特往車窗外望去，就像半夢半醒間做的美夢一樣，外頭的景色像一片融化的蠟，什麼也看不清楚。

這樣下去，或許會被載去奇怪的彩虹國度一輩子回不了家的。萊特心想。

賽勒雖然提醒過他們，當他們進入到丹鹿的幻想與夢境之地時，可以選擇無視就好，只要找扇門或找扇窗，繼續前往下一個記憶點尋找朱諾就好，但是——

「好！我們到了，下車！」丹鹿命令道。

面對如此強勢又自信滿滿的鹿學長，萊特實在不知道如何拒絕。而且不過短短幾秒，他們竟然已經到了黑萊塔！

出來迎接他們的是榭汀。

萊特歪了歪腦袋，上下打量著眼前的榭汀。眼前的榭汀看起來就和一般的榭汀一模一樣，並沒有什麼太大差別，這讓萊特甚至懷疑起了對方是不是就是和他一起入夢的榭汀所偽裝的。

可是正當他要和眼前的貓先生打暗號時，貓先生卻溫柔地對他笑咧了嘴。

「早安，親愛的萊特。」

萊特舉起的手僵在空中，渾身起滿了雞皮疙瘩。

不，這不是他那冷酷無情又超愛欺負人的貓先生。

「今天過得好嗎？」榭汀微笑著朝他們走來，還給了萊特一個擁抱。

萊特在榭汀懷裡，像在河裡即將溺斃的狗。

「我今天過得……很怪？」萊特不知道該說什麼。

「榭汀，準備好今天要處理的案件進度了嗎？」丹鹿問。

這個榭汀立刻像個小祕書一樣，一臉專業地走到丹鹿身邊開始講起案件資訊。

這實在太不對勁了。

平時鹿學長要貓先生關心案件進度都得三催四請，有時候被大學長逼急了還要抱著貓先生的大腿求對方讀案子。

在鹿學長幻想的白日夢裡，原本慵懶又自我的貓先生好像變成了專職敬業的狗先生，而且……還比鹿學長矮了一點？

萊特無語地望著兩人的背影。

繼續被困在這裡，總覺得會看到什麼不該看的東西。萊特四處張望，試圖找出一扇可以讓他通往別處的門或窗戶。

然而，他卻發現所有門窗看起來都是模糊的。

它們扭曲旋轉，像卡死了一樣。

萊特不解地歪著腦袋，賽勒可沒說過會有這種情形發生。

就在萊特偷偷摸摸地試圖打開一道鎖死的門時，榭汀跑過來牽起了他的手：「別落單了，萊特。」

萊特看著自己的手，雞皮疙瘩又冒了起來。雖然原本的貓先生嘴巴很壞又很凶，但他還是比較喜歡原本的那個啦！

渾身不自在的萊特沒想到，後頭還有一個相當不自然的約書．克拉瑪在等著他……

當他一轉頭，場景頓時換成了大學長的辦公室，約書就坐在辦公桌後，一見到他們，他熱情洋溢地笑了。

大學長熱情洋溢地笑了。

大學長熱情洋溢地笑了。

大學長熱情洋溢地笑了。

大學長熱情洋溢地笑了。

萊特受到了相當程度的衝擊，他傻愣地看著一路哈哈笑著朝他們走來的約書。

那個約書臉上掛著燦爛的笑容，一見到丹鹿就熱情地給了他一個擁抱，並拍拍他的肩說：「瓦倫汀，你是我有過最優秀的教士了，見到你我就很開心。」

大學長說著很不自然的臺詞，再度仰天大笑。

「今天你的報告也準時交上來了，而且寫得非常好！我認為我有必要再幫你加薪！」約書熱情又活潑地用手指戳了一下丹鹿的肩膀。

「不需要，你已經幫我加很多薪了，大學長。」那個看起來竟然也比約書還高的鹿學長一臉謙虛地回答。

「不，你需要的，用這麼一點點錢請你這麼優秀的人才，是我們太不應該。」約書說到激動之處，竟然還有些眼眶泛淚。

伊甸則像個花瓶一樣在旁邊拍著手，就差點沒遞獎狀了。

「別自責，我只是盡我應盡的責任而已。」鹿學長很酷地用拇指輕抹約書的臉，再一臉帥氣地說，「如果你堅持，我就收下你的好意吧！」

「你真是太好了……太好了……」約書一邊抽泣著，一邊轉過頭看向此時已經近乎雙眼無神的萊特，「菜鳥，看到了沒？你有位很好的學習榜樣，要好好向他學習，別老惹麻煩。」

「我……」萊特不知道該說什麼，只能繼續配合著道，「知道了。」

然而讓萊特不自在的苦難似乎還沒結束。

「有這樣的教士作為搭檔真的很好呢，好羨慕。」

萊特身後忽然傳來了嘆息聲，他一轉頭，柯羅就站在身後。

「柯羅？」萊特震驚，因為鹿學長白日夢裡的柯羅打扮得就像個品學兼優的好學生，他的領子、領帶和西裝襯衫都穿得好好的，頭髮還很服貼，完全不需要額外整理。

「萊特，你要好好向瓦倫汀先生學習啊！」柯羅語重心長地說，還伸手拍了拍萊特的肩膀。

「瓦、瓦倫汀先生？」

「我都是這麼尊稱他的。」

萊特無語，可能是因為平常柯羅都叫丹鹿「死矮子」或「紅頭髮」的原因，所以在丹鹿的白日夢裡，柯羅變成了個溫文儒雅的好寶寶。

「真羨慕你啊，榭汀！要是當初我的教士是瓦倫汀先生就好了。」

「好了，別嫉妒了，柯羅。萊特也很好啊！」

而且還是個跟榭汀感情很好的好寶寶。萊特看著正在輕拍柯羅腦袋的榭汀，希望男巫們感情好一點大概是每個教士都幻想過的事。

不過無論如何，這都不是現實生活中的柯羅和榭汀。

想起了正事，趁著大家圍繞著丹鹿團團轉時，萊特一個人慢慢退到角落，搜尋起附近的窗戶和門；然而當他好不容易找到了一扇窗，這扇窗竟然也是焊接起來的。

萊特試著打開那扇窗，窗戶卻紋風不動，就連其他扇窗也是如此。

他跪在窗前。

怎麼辦？他被困在鹿學長的白日夢裡了！

CHAPTER 4

不同的記憶

柯羅撲通一聲，整個人摔進了一座大湖裡。

「該死的……臭蠍子！」當柯羅狼狽地拖著泡滿水的沉重西裝從湖裡爬起時，命差點去了半條。

賽勒真的下手毫不留情，柯羅懷疑毒蠍子根本是想致他於死地。雖然這樣多少也讓他稍微冷靜了下來。

翻滾在草地上大口呼吸的柯羅檢討著自己最近容易失控的情緒，他自己也不是沒注意到這點。在和萊特談起威廉的事時，他的情緒也失控了，其實這並非他的本意。

柯羅猜想著一切的原因，很可能跟他肚子裡的那個東西有關。他這幾次召喚出蝕，蝕都不知道大發什麼善心沒有進食，而是一直餓著肚子。

餓著肚子的蝕很躁動，卻又異常沉默，這讓柯羅很煩躁。他深怕繼續這樣下去，自己可能會失控……尤其是在萊特面前。

如果哪天他的影子不小心吞掉了萊特怎麼辦？

——你這樣真像你哥。

想起了賽勒的話，柯羅忍不住出拳捶打草地，「不要被臭蟣子的話影響了，正事要緊！」他喃喃自語著，好半天才氣喘吁吁地站起身來。

當柯羅抬頭一看，他剛剛掉入的湖畔現在顯得一片平靜，毫無波瀾，而他右後方則是一片寧靜的小樹林。陽光從樹葉間隙撒在了柯羅臉上，樹林間的陽光非常炙熱，樹蔭底下的溫度卻剛剛好。

現在的時間點似乎是夏天。

柯羅左右張望，這是個他從未見過的地方，樹林旁有座看上去很有年代感的宅邸，不大，但看上去滿溫馨的。

這是誰的家？

柯羅的疑問很快就被解答了。

樹林裡忽然傳來一陣吵雜聲，而聲音全都來自柯羅右前方的樹屋上。

柯羅很機靈地將自己隱身在樹幹後，悄悄觀察。孩子們的嬉鬧聲再度傳來，他探頭一看，隱約看見一顆金色的腦袋露在那裡，但很快又藏進了樹屋內。

柯羅皺眉，忽然想起自己身上還有賽勒給的蠍子，他毫不猶豫地打了個響舌，將自己變成了一隻烏鴉。

稍微適應了一下新型態後，柯羅一路跌跌撞撞地飛到了樹屋的窗戶邊，悄悄往裡頭望去。

兩個約莫七、八歲左右的男孩躲在裡頭，一個紅頭髮，一個則是金頭髮，而那頭會在太陽底下閃閃發光的金髮就算化成灰，柯羅也能認出是誰的髮色。

「女巫！你受死吧！」紅髮小男孩拿著木棍做成的劍刺向金髮小男孩。

金髮小男孩戲劇性十足地跌倒在地後，又戲劇性地爬起來，又跌倒，又戲劇性地爬起來。

「喂，你到底要死了沒啊？」

「女巫擁有很大的巫力，才不會這麼輕易就死掉！」

那個死沒完的金髮小男孩便是幼年時期的萊特，而在小萊特身旁的教士扮演者則是大他一歲的小丹鹿。兩個小孩在樹屋裡愜意地玩著扮家家酒，很難想像幾年後的他們真的成為了教士。

柯羅站在窗邊靜靜地盯著他們爭執著「女巫被銀劍刺中會不會馬上被消滅」這件事。

在這之前，柯羅只見過一次幼童萊特，就是當初他們在甜湖鎮出任務時，他利用榭汀的藥水變小那次；只不過和上次那個小孩皮囊裡裝著油腔滑調的大人萊特不同，這次的萊特真的是幼年萊特，語氣裡充滿著孩子般的稚氣。

唯一不變的，大概就是那雙藍眼睛裡的蠢蠢亮光吧。

「熱死我了，我們應該去湖裡游泳！」小孩子們的吵架很快地告了一段落，小丹鹿提議道。小時候的他曬得很黑，他和小萊特都只穿著小背心和小短褲而已。

「但我還不太會游泳……」小萊特正在拔下他們用樹葉做成的女巫假髮。

「放心啦，我會教你的！你如果擔心的話，我還可以回家裡偷拿游泳圈出來。」小丹鹿拍了小萊特兩下，像個老大一樣發號施令。

小萊特看上去也非常信任小丹鹿，點點頭後，完全不顧剛剛還在吵架的事情，兩人就一路從樹屋攀爬下去，跑回湖畔旁的宅邸內。

柯羅跟著飛了過去，他小心翼翼地停在樹屋旁的信箱上，信箱上就寫著「瓦倫汀」這個姓氏。湖畔旁的宅邸似乎就是瓦倫汀家的房子，丹鹿的老家。

柯羅想起他曾聽萊特說過，他和丹鹿從很小的時候就玩在一起，幾乎形影不離，再加上父母因為工作忙，他有很長一段時間都被寄養在瓦倫汀家，已經可以算是半個瓦倫汀家的人了。

這應該就是萊特提過的孩童時期。

柯羅猜測著的同時，孩子們很快地又從房子裡衝了出來，這次小丹鹿手上拿著游泳圈，小萊特一臉興奮地跟在他身後。

一個挺著大肚子的紅髮女人原本要追出來，但似乎只到門口就因為大腹便便的身形而累了，只好在門口對著小丹鹿喊著：「鹿鹿，要去湖邊玩可以，但記得看好萊特！」

「我保證我會看好他，確保他的安全的！」小丹鹿回頭對著女人喊。

女人一臉拿兩個小孩子沒轍的模樣，她身後的男人則一手抱著嬰兒、一手牽著一個兩歲大的小孩，脖子裡還夾著奶瓶，一邊對著丹鹿喊：「小兔崽子！如果你把萊特弄丟，回來我就揍到你屁股開花知不知道！」

「不要擔心啦！我們很快就回來！」小丹鹿揮揮手，很快地便帶著小萊特一溜煙消失在樹林間，留下屋裡的一對夫妻和哭不完的嬰兒小孩。

「這胎生完，絕對就不生了。」女人嘆了口氣說。

「對，這胎生完我就去結紮！」滿臉疲憊、忙著餵奶和哄小孩的男人則是附議。

柯羅看著那對應該就是丹鹿父母的夫妻，都不忍心吐槽了。如果他沒記錯，丹鹿總共有五個弟妹——所以他們應該還有會有兩個孩子再冒出來……

瓦倫汀家的人繁衍力簡直像倉鼠一樣。

當瓦倫汀夫婦轉身回到房裡後，意識到注意力放錯地方的柯羅揮揮翅膀，往小丹鹿和小萊特的方向飛去。

然而就在柯羅準備降落在湖畔附近的某棵大樹上時，背後忽然傳來一陣熱辣辣的疼痛，像被電擊到一樣。

受到驚嚇的柯羅沒有在樹幹上停好，反而一頭栽進了落葉堆裡。

「是不是有東西掉下來了？」不遠處的小丹鹿似乎注意到了不對勁，吃了一嘴樹葉的柯羅聽見他問。

柯羅躺在樹葉堆裡絲毫不敢動彈，連呼吸都屏住了，他可沒忘記入夢的大原則之一是不能被丹鹿發現他們的存在。

「我沒看到啊，應該是你看錯了吧？」好在小萊特即時解危，小丹鹿也沒這麼在意了，兩人就繼續嬉鬧著往湖畔前進。

在落葉堆裡待了一陣子後，確認身邊沒有動靜的柯羅才爬起身，吃痛地變回了原本的模樣，才急忙脫下西裝外套查看背部傳來的刺痛是怎麼回事。

柯羅摸索著後背，卻只摸索到那根賽勒給他，被他藏在背後的黑色長針。

黑色長針此刻正散發著隱隱約約的紅色，像是焦炭中的點點星火，摸起來有點燙手，還不斷發出靜電般的吱吱聲響。

就是這根忽然發瘋的黑色長針害他摔進了落葉堆裡。

柯羅正皺眉研究著黑色長針時，另一個身影從柯羅的視線範圍內掠過，他沿著小丹鹿和小萊特走過的途徑，一路跟著他們跑向湖畔。

柯羅抬頭，只看到了一抹紅色的身影。

「等等我！鹿鹿、萊特！」

稚嫩的幼童嗓音既不屬於小丹鹿也不屬於小萊特，等躲在樹幹後方的柯羅探出頭一看，才發現多了一個孩子。

那個孩子也有著一頭紅髮，只不過他的髮色比丹鹿更鮮紅，頭髮也更長。

等柯羅看清楚了幼童的面容，他瞪大了眼——這下他知道為什麼賽勒給的黑針有這麼奇怪的反應了——不該存在於丹鹿記憶裡的朱諾出現了！

「你們跑太快了，是想讓我跟不上嗎！」那個外貌如幼童般的朱諾扠著腰，嘴上掛著的笑容卻沒有這個年齡該有的天真活潑。

榭汀從瓦倫汀家的嬰兒房往窗戶外一跳後，又來到完全不同的場景了。

榭汀發現在自己像聖誕老人一樣從某處的煙囪掉了下來，他狼狽地趴倒在地，然後看著眼前相當熟悉的廚房。

他竟然掉回了暹貓家的宅邸裡。

似乎是聽見了他發出的動靜，有腳步聲再度靠近。這次榭汀的反應很快，他打了個響舌，讓蠍子刺向自己。

待來人接近後，榭汀已經變成了一隻漂亮的灰藍色貓咪。他裝作一臉無辜地抬頭望向來人，卻看到了蘿絲瑪麗。

「是什麼東西？小偷嗎？」蘿絲瑪麗身後跟著的是拿著桿麵棍的丹鹿。

「不，只是一隻漂亮的小貓罷了。」蘿絲瑪麗把榭汀抱了起來，隨手往廚房的中島上一放。

「這比小偷更可怕好不好！」見到了榭汀貓的丹鹿反而縮成一團，一臉戒慎恐懼的模樣。

「你總是要習慣的。」蘿絲瑪麗白了對方一眼。

還好在暹貓家閒晃的貓咪數量向來很多，隨便就能遇到一隻，變成貓的榭汀出現在這裡也不奇怪，他似乎沒有打亂丹鹿原本的記憶。

榭汀盯著眼前的丹鹿，對方看起來一切正常。他一邊裝模作樣地舔著貓掌，一邊觀察著這段記憶。

「現在讓我們繼續正事，幫我放幾根魔鬼辣椒進鍋子裡一起煮。」蘿絲瑪麗對著丹鹿比劃。

「但我們在煮南瓜派的餡料耶，奶奶。」

「就是因為在煮南瓜派的餡料才需要放辣椒啊，這是暹貓家的傳統。」

「原來不管煮什麼東西都會加辣真的是暹貓家的傳統？」丹鹿笑出聲來，「當初我還以為自己被騙了。」

榭汀盯著丹鹿，此時的丹鹿臉頰上還有被朱諾咬過的傷口，蘿絲瑪麗的身體狀況看起來也還不差，他猜測自己很有可能回到了他們第一次替丹鹿驅除蠍毒、並且在苦惱河小鎮搞砸一切前的某個時間點。

那時的丹鹿幾乎都待在暹貓家宅邸讓蘿絲瑪麗看管，他們閒暇無事就會做派，因為暹因很喜歡吃。

丹鹿一個人站在鍋爐前煮著南瓜和糖水，一臉驚恐地繞過貓咪榭汀，摘了幾根沉睡中的魔鬼辣椒後，又一臉驚恐地繞回去，繼續往鍋裡翻弄。

蘿絲瑪麗靜靜地在一旁喝著茶，偶爾順口指導，一切看上去都是這麼地恬淡寧靜。

榭汀喜歡這個記憶。

雖然這個時間點他本人大概正在黑萊塔替那些在寂眠谷被下了咒的居民們

解毒，並沒有參與到這場下午茶派對。

聽著小湯匙攪拌著茶杯的清脆聲響，榭汀幾乎就要呼嚕出聲時，丹鹿開口說話了。

「奶奶，我可不可以問妳一個有點私人的問題？」

「我說不行的話，你就不問了嗎？」蘿絲瑪麗看都沒看丹鹿一眼。

「為什麼妳和妳孫子之間看起來這麼……呃，陌生？我還以為他是妳帶大的。」丹鹿斟酌著用詞。

「他母親過世的早，他確實是我帶大的。」

「那為什麼……」

「我以前曾經很喜歡那個小傢伙，但我現在不這麼喜歡了。」

「為什麼？他做了什麼？難不成他曾經學壞跑去當小混混之類的？」

不，不是那些問題。坐在一旁的榭汀心想。

他看著從外頭推門進入的大貓暹因，暹因搖晃著尾巴走到蘿絲瑪麗腳邊，用牠龐大的身軀占據她的視線，並且將頭放到了她的腿上，討求她的撫摸和她所有的注意力。

「他八成還沒跟你提過……」蘿絲瑪麗溫柔地撫摸著暹因。

「提過什麼？」

提過柴郡最終會吃掉他對所有人的喜愛，包括對於丹鹿的。榭汀心想。

「沒事，這是我孫子的私事，他想說的時候自然就會告訴你了。」蘿絲瑪麗並沒有告訴丹鹿緣由，她敷衍地擺擺手，「在這之前，你就當我們暹貓家天性冷血好了，我們最後總是會厭煩所有的人，不需要太在意。」

「但我就是很在意啊……」丹鹿一邊攪著南瓜一邊嘟噥道。

「你那麼在意做什麼？」蘿絲瑪麗笑出聲來。

「我是他的教士，當然希望了解我的男巫的一切或他所遇到的困難，這樣我才能幫助他並且成為他的依靠啊！」丹鹿大方表明道，「不然男巫要教士做什麼？」

「你很在乎我孫子。」

「當然在乎了！我們是搭檔和朋友，以後說不定還會成為……」

「情人？」

「不不不不，我要說的是親人般的關係啦！為什麼你們每個人都以為我──」丹鹿嘆了口氣，一臉看破紅塵的模樣，「算了，總之我確實很在乎你孫子。」

「你是個好教士，丹鹿。」蘿絲瑪麗很難得稱讚人，這更是她第一次喊了丹鹿的名字。

丹鹿整張臉都紅了，暹因則在蘿絲瑪麗腳下不滿地呼嚕著。

在一旁窺視一切的榭汀忍不住想微笑，直到丹鹿說了接下來的話。

「再說了，以現在的退休制度而言，我說不定還要和朱諾搭檔到七老八十，如果他也這麼快就厭煩我，那我不是……」

當丹鹿提到「朱諾」兩字時，整個回憶的片段在榭汀面前扭曲了一下，但很快又恢復成了正常的狀態。

榭汀深吸了口氣，他很清楚丹鹿和蘿絲瑪麗在談的人一直是自己，他只是沒想到朱諾入侵丹鹿的腦內所竄改的記憶，已經影響到了他這麼私密的部分。

那句話再度提醒了榭汀這趟入夢的主要任務是什麼。

顧不得丹鹿和蘿絲瑪麗接下來還聊了些什麼，榭汀踩著貓步，在眾多的門與窗戶中，他選擇了其中一扇，毫不猶豫地跳了出去。

這次榭汀來到雨下個不停，到處都是高大雪松樹的記憶點。

榭汀站在高聳的樹林下，聞著空氣中又濕又冷的雨氣，不遠處的道路上立著告示牌。

歡迎來到雪松鎮。

一輛破舊的小金龜車正好從旁駛過，榭汀看見了裡面坐著的丹鹿和……朱諾。

這時，被榭汀藏在袖子裡的黑色針刺也開始發燙了。

不知道柯羅和榭汀已經在丹鹿的記憶裡進入了正題，此時的萊特在丹鹿的白日夢裡越陷越深，無可自拔。

「學弟你真的好帥氣，聽說這次又提前破案了是嗎？」靠在辦公桌旁的小仙女卡麥兒一臉崇拜地說。

「沒這回事。」帥氣的鹿學長笑露了八顆閃亮亮的白牙，惹得小仙女一陣嬌嗔。

兩人談笑風生，一旁則站著一個唯唯諾諾的格雷，想靠近而又不敢靠近；他的男巫威廉則是一臉不高興地站在旁邊，對他碎念道：「你看看你，為什麼就是不能像瓦倫汀教士一樣體貼大方，真希望我的教士不是你……」

平常那個臭跩討人厭的格雷卻連忙地對威廉陪不是，並承諾他會好好改進。

現實的一切彷彿都在鹿學長的白日夢裡天翻地覆了。

萊特瞇起眼看著眼前這一幕，平常明明是個一見到學姊會臉紅，講話還會不小心口吃的人，在幻想裡卻能風度翩翩地和對方打情罵俏。

哼哼，他到時候要去跟貓先生告狀！當然是跟現實的那個，因為幻想裡的這個太奇怪了！

萊特看著眼前溫柔體貼地倒熱茶給他的榭汀，身上的雞皮疙瘩一直沒消過。如果現在這個榭汀直接拿熱茶潑他的臉，他可能還會好一點。

「還需要什麼的話再跟我說。」榭汀臉上的笑容沒有停過，他轉過身去友善地替一旁的柯羅倒茶，還寒暄了一下。

就在萊特剛剛忙著撬開大學長辦公室裡鎖死的窗戶時，鹿學長的白日夢又變了。

這次的場景是在貓先生和鹿學長的辦公室內。萊特橇到一半的窗戶不見了，而他人也變成了和柯羅一起坐在藤椅上等著榭汀送下午茶的姿態。

鹿學長的白日夢場景變得太快，萊特根本來不及反應，這令他非常頭疼。

貓先生和鹿學長的辦公室就和原先差不多，一樣有那棵通往天堂的樹存在，唯一的差別只在於這間辦公室變得異常得大，大到沒有邊界，所以看不到門，也看不到窗，邊緣只有一片模糊的白光。

到底他所需要的門窗都去哪裡了？

「萊特，你還好嗎？」問話的是鹿學長幻想中的好寶寶柯羅。

「我……」萊特不知道該怎麼跟個幻想出來的人解釋。他望向那位身高一百八、還有張超級豪華的辦公桌椅的鹿學長。

白日夢裡的丹鹿正威風凜凜地坐在辦公桌前繼續和小仙女談笑，然後在唯唯諾諾的格雷上前請教工作相關的問題時，熱情給予指點。

榭汀則像個賢夫良父一樣在旁邊倒茶搧風兼按摩，偶爾還附上詳細的案情解說及提供相關解決方法。

雖然值得吐槽的點很多，但在白日夢裡也還是個社畜，這讓萊特不禁有點為鹿學長感到悲從中來。

「你遇到了什麼麻煩嗎？如果有問題一定要跟我們說，我和親愛的瓦倫汀先生會幫忙解決的！」好寶寶柯羅看向丹鹿的眼神畢恭畢敬。

「親愛的瓦倫……」萊特摀住嘴，不行，不能隨便吐槽鹿學長的幻想，每個人都該有做白日夢的權利。「我只是有個小疑問……」

「什麼疑問？」乖寶寶一臉好奇地問。

萊特仔細回想著賽勒說過的原則，如果是夢或幻想，被鹿學長發現他的存在是沒有問題的。另外，只要是在夢或幻想裡，他們想做什麼都可以。

雖然萊特不知道向白日夢裡的鹿學長求助有沒有用，他就姑且試試吧！

「請問……門和窗戶在哪裡？我有事可能必須出去一下。」萊特乾脆說出了他的疑問。

此時，只見所有丹鹿幻想出來的人都在瞬間定格，並驚訝地望向萊特。

「怎、怎麼了？」萊特被看得渾身冒汗，他應該沒做出什麼蠢事害得鹿學長腦筋出問題吧？

「你怎麼可以問門和窗戶在哪裡！」乖寶寶柯羅倒抽了一口氣後，給了一個很耐人尋味的答案，「要是外面的那傢伙連白日夢也能闖入怎麼辦？」

「什麼？」萊特話還沒問完，鹿學長的白日夢場景再度開始變化。

大概就是一眨眼的時間而已，眼前的柯羅和其他男巫教士們都不見了，原本還坐在椅子上喝下午茶的萊特一下子跌進了柔軟的大床裡。

萊特莫名奇妙地看著頭頂的天花板，他迅速地坐起身來，卻發現自己身上換成了舒服的睡衣，手裡還抱著超大爆米花碗。

「這裡又是哪裡？」萊特無所適從地四處張望。

這次他竟然被困在一個完全沒有窗、沒有門，四周都是牆的豪華大房間裡。而他的正前方，有個用棉被把自己裹成一團的生物坐著不動。

萊特思考了一下後，小心翼翼地戳了戳那團生物，那團生物才轉過頭來。

「鹿學長……」

原來那團生物是手裡拿著電動手把、一副居家小肥宅模樣的丹鹿。

CHAPTER 5

玩笑

「不知道學弟他們的狀況怎麼樣了……應該一切都還順利吧……」卡麥兒好奇地盯著躺在地上的萊特看，手裡的獵槍還不忘指著賽勒的腦袋。

「好奇嗎？歡迎妳加入入夢儀式喔。」賽勒輕挑眉尾，雙手背在背後的他正一派輕鬆地在他們為了入夢畫下的魔法陣裡移動。

「麥子，離那個髒東西遠一點，過來吃點東西！」絲蘭不悅地喊道。他正坐在榭汀專用的下午茶小圓桌旁，桌上擺滿了他剛剛利用巫術弄到手的各式餐點。

卡麥兒很聽話，她一邊往後面移動，一邊緊盯著賽勒。

從賽勒帶領萊特等人進行入夢儀式後已經過了一段時間，金髮教士和男巫們躺在地上，睡得死氣沉沉。

「小心點，賽勒，我可沒有在跟你開玩笑，你要是敢耍花樣，麥子不會手下留情的。」絲蘭警告著賽勒。

「你都不擔心我出事，他們跟著出事嗎？」賽勒問。

絲蘭看著躺在地上的萊特一行人，他想了想，然後搖搖頭：「還好。」

「絲蘭先生！」卡麥兒怒斥。

絲蘭卻一臉無所謂的模樣，他聳聳肩：「妳不要聽那隻毒蠍子危言聳聽，我相信他很愛惜自己的生命。」

「就像你愛惜自己的青春和巫力一樣。」賽勒應話。

絲蘭青筋一冒，用幾乎咬牙切齒的語氣道：「當初你母親想掐死你們其中一個的時候，我和達莉亞就不該阻止她。」

「你們確實不該阻止她，或許就不會有現在這些問題了。」

「你……」

「好了，別吵架了，你們都是大人了，成熟點！」卡麥兒打斷了絲蘭和賽勒的針鋒相對。

絲蘭撇過頭去不說話。賽勒則是笑了聲，繼續在他們擺放的陣術中漫步，直到柯羅和榭汀的身體都開始緊繃起來。

「怎麼了？」卡麥兒緊張地問。

「不用緊張，會出現這樣的反應表示他們已經找到了那些藏在寵物教士記憶裡的朱諾。」賽勒停在萊特身邊，低頭看著依然一副死氣沉沉模樣的萊特，「看來只有金髮教士還在夢裡打轉。」

「這正常嗎？」絲蘭問。

「不太正常。」賽勒凝視著萊特，又像是在凝視著空氣，他漂亮的紅色眼珠散發著古怪的光芒，「金髮教士一進去就落入了紅髮教士的幻想中，但寵物教士把自己的幻想鎖上了，現在金髮教士被困在裡面。」

「你不能想點辦法嗎？」絲蘭問。

賽勒卻聳聳肩道：「鎖住自己白日夢的人又不是我，你應該去問紅髮教士。」

然而丹鹿現在也和萊特他們一樣陷入了無止盡的沉睡，根本問不出個所以然。

「賽勒，你真的很有惹惱人的天分，比你的兄弟還令人憎惡。」絲蘭一臉厭惡地看著他。

「你過獎了，叔叔。」賽勒臉上依舊是那副無所謂的從容微笑，直到卡麥兒再次打斷他們的對話。

「萊特一直出不來的話會怎麼樣？」

「如果金髮教士一直找不到出來的辦法，他們就只能一直在幻想裡相伴囉。」

「你沒提過有這個風險！」絲蘭狠瞪著賽勒。

「我又不知道紅髮教士會把自己的幻想鎖起來。」賽勒頗為無辜地道。

「麥子，舉起妳的獵槍，對準他的頭部，射他！」絲蘭命令道。

「一言不合就要處決人，你怎麼都到了這個年紀還這麼小心眼呢，叔叔。」

「再把他的屍體吊起來遊街示眾！」

「等等！在你們繼續吵之前，再讓我問一個問題。」卡麥兒指著身體開始劇烈震顫，面露痛苦表情的柯羅，「柯羅這樣也算在正常範圍嗎？」

賽勒轉頭一看，柯羅不僅面露痛苦的神色，還開始出現了呼吸困難的症狀。

「嘖，我應該早就提醒過他們了！」賽勒快步奔向柯羅，他按住了柯羅的胸膛，手裡拿了根針就要往他胸口刺。

「慢著！你要做什麼？」絲蘭大聲喊道。

「住手！男巫！」卡麥兒舉起了她的獵槍。

混亂之中，沒人聽見卡麥兒的手機不斷發出鈴響。

約書等了又等，另一頭就是沒有人接，於是他掛掉電話，一臉嚴肅地看著坐在身旁的伊甸。

「怎麼了？」正在開車的伊甸稍微分心詢問對方。

「也沒什麼，我只是懷疑萊特他們把黑萊塔炸了。」約書說。

「沒這麼誇張吧？」伊甸笑出聲來，繼續專心地開車。

在回黑萊塔前，他們本來還有個地方要去探訪。

前天夜裡，他們正忙著調查自焚的夫婦和對付那隻被下過咒的巨大巫毒娃娃時，似乎有一個家庭也選擇了自焚。

接連發生的幾起事件太古怪了，約書認為有必要調查一下。

但由於現在黑萊塔內能夠正常出任務的搭檔似乎只有他們，所以案件就只能靠他們處理，一直臨時插入的案件讓他們忙得不可開交。

在行程全滿的情況下，約書的眼皮下都已經冒出黑眼圈了。大概也是因為太操勞，他開始變得疑神疑鬼的。

「但我不管打誰的電話都沒有人接，就算沒炸了黑萊塔，會不會也有可能是誰發現了我把加班要吃的冰淇淋藏在了冷凍櫃裡，然後把它吃掉，導致現在他們沒人敢接我電話？」

比起炸掉黑萊塔，約書似乎更擔心有人吃掉他的冰淇淋這件事。

「你已經藏得夠隱密了，不會有人發現的。」伊甸安慰道，此時的他還不知道那些冰淇淋早就被絲蘭當成快樂瑪麗安給全倒了出來。

「如果不見的話，犯人肯定是丹鹿或格雷。」約書瞇起眼，非常篤定。

其實犯人一直都是萊特。

「別擔心，很可能只是因為在忙別的事，晚點再聯絡他們看看。」

「不行，太讓人擔心了，我們趕快跑完接下來的行程，然後先回黑萊塔一趟看看冰淇……不，是看那些傢伙的情況。」

「是是是，遵命。」

兩人將車子從大街上一路開到了一處隱密的小巷弄內，直到開不進去，他們才停下車，徒步深入其中。

小巷弄裡擺了個簡陋的路牌向內指引著，上頭寫了幾個字——占卜巷。

約書和伊甸互看一眼後，繼續往裡面走，很快就看到了一排帳篷搭建在那裡，而其中一座有著兔耳朵的吉普賽帳篷被燒得黑漆漆的。

此處之所以被稱為占卜巷，主要是因為這裡聚集著許多替人卜卦算命的占卜師所臨時搭建的帳篷，因此才有這個稱呼。

知道這裡的人不多，大部分會來這裡的人，都是經由口耳相傳或別人介紹而來的。

在這邊聚集的占卜師裡，有些只是想賺點小錢的普通流浪漢，有些則是真的具有占卜能力的流浪男巫。

只有兩個警察站在燒黑的帳篷前，封鎖線也拉得非常簡陋。沒像上次在獅心公園發生的牛人案那樣大陣仗，這次地方警察局就派了幾名人手支援而已。

似乎出事的人只要是巫族，跟他們就毫無關係一樣。

「現場就交給你們了，長官們。」兩個警察一看到約書和伊甸，立刻點頭示意，但隨後就是一副不關他們的事的散漫模樣，也沒有協助調查的意思。

約書嘆了口氣，「我知道了，接下來交給我們吧。」

兩個警察一得到首肯，立刻像兩個剛放暑假的小朋友，一邊聊起了家裡的事，一邊跑到旁邊有陽光的地方喝起了咖啡、吃起了甜甜圈。

這讓約書看得很不是滋味。可惡！他也很想吃甜甜圈當個快樂小肥宅啊！

無奈的是，現實就是如此，巫族發生了問題，本來就該由教廷的人負責出面處理。

這種隱身於世、靠著巫術賺取生活費用的流浪巫族大有人在，不過一旦不是和教廷有簽訂白鴉協約的正規巫族，只要利用巫術替普通人民做事，都被視為違法的行為，所以他們必須躲躲藏藏地做生意。

當初教廷的用意是為了避免這些流浪巫族對普通人民不利，因此一直有在調查這些流浪巫族施行巫術的用途。

雖然當年在大主教還是由獅派教士擔任時，這項規定被放寬了不少，大街上的巫醫和占卜師還挺活絡的；然而新任的鷹派大主教——勞倫斯．克拉瑪上任後，規定又變得嚴苛不少，導致這些流浪巫族只能再度隱身於這種小地方，靠著普通人的口耳相傳來討生活。

約書一直都不是很傳統的鷹派教士，他並不認為流浪巫族利用巫術去賺點小錢有什麼問題，因此對於這些行為他向來是睜一隻眼閉一隻眼。只不過這違逆了他父親的意思，所以基本的盤查和表面功夫他還是有做，頂多不會刻意找碴罷了。

可是自從發生了靈郡市牛人案、加上審問林區後發生的種種事情，教廷又開始對流浪男巫們的存在敏感了起來。

負責監管巫族的黑萊塔，以及現在的擔任主督導教士的約書，當然得負起所有責任。

導致現在一旦發生任何風吹草動，約書就必須繃緊神經。

畢竟牛人案和林區的兩起事件多少都影響到了約書將來升等為大主教的信譽。約書自己是無所謂，但他的父親可就非常不滿了。

約書天不怕地不怕，但惹毛了父親可就不妙，這件事想得他都一陣胃痛。

「你還好嗎？」伊甸看了面無表情的約書一眼，「你看起來好像胃很痛，昨晚沒睡飽？」他不知道從哪裡變出了一瓶水和胃藥。

約書轉頭看向伊甸，伸手拍了拍他的肩，「對不起，之前喊了你花園鰻男巫。」

「你想說什麼？」伊甸瞇起眼。

「我想說你應該是我肚裡的蛔蟲男巫。」約書啪啪啪地拍著伊甸的肩膀，「你知道吧，長條狀的那種。還是你比較想當蟯蟲？」

「看你還有心情開玩笑，藥就不用吃了吧。」伊甸搖搖頭，把東西收進了口袋裡。

「嘖，你很不賞臉耶，如果是丹鹿和萊特在這裡，他們一定會笑到滿地打滾。」約書冷眼看著伊甸，和伊甸一前一後地走向帳篷區。

「他們會笑到滿地打滾是因為你會威脅他們說要扣薪水。」

「我才不是這麼過分的……」

約書和伊甸鬥嘴鬥到一半，忽然停住了聲音，他們不著痕跡地互看了眼，很快地壓低聲音交頭接耳起來。

「你也看到了嗎？」約書問。

伊甸點了點頭。

就在剛剛，旁邊的幾個帳篷裡都偷偷地被掀開了一角，像黑暗中的貓咪眼睛一樣，約書和伊甸感覺到有好幾對眼睛在注視著他們。

只是當他們轉頭望去，窺視者們又像沒事般地縮回了帳篷內。

「也許只是好奇的同業吧。」約書試著往好的方向去想。

「還是小心點好，這些人裡面雖然大部分都是混口飯吃的遊民，但也可能有流浪男巫在裡面。」伊甸提醒約書，「別忘了你最近才因為異端審判庭發生的事上了電視，我可不認為流浪男巫們見到你會很開心。」

「你自己不也一樣？真正對林區行刑的人又不是我。」約書白了伊甸一眼。

「但他們會認為是你讓他死得血肉模糊的。」伊旬說。

「……有時候你真的很像蛇一樣冷血無情耶。」

「那你要有心理準備，我以後可能會變得更像蛇。」

約書看著伊旬，伊旬的金色眼珠直視著他，真的像蛇一樣。

「我們為什麼要在這裡吵這些？總之我們都小心點就好，你注意我我注意你，行嗎？」約書猜想著伊旬可能也累了，所以難得有了些小脾氣，他主動讓氣氛緩和些，「反正還有兩位警察先生幫忙……」

約書往後頭看去，兩名警察已經不知道偷溜去哪裡了。

「算了，我放棄，別管他們了，我們先進去看看是怎麼回事。」

約書和伊旬一前一後地進了帳篷，一股濃濃的燒焦味瀰漫帳篷內。一具焦黑的屍體趴倒在桌上，動也不動。

「呃，我們最近看了多少具焦屍了……」約書捏著鼻子說。

「根據警方給我們的資料，亡者叫胡倫，是個之前被抓過幾次，有登記在案的男巫。」伊旬說。

這也是為什麼在還沒深入調查前，警方第一時間就選擇聯絡約書他們來處理的原因。

「因為什麼事被抓？」約書又問。

「違法利用巫力替人占卜和召靈。」

「召靈？像威廉那樣嗎？」

「對，聽說還小有名氣。」

「這麼有用的能力如果能來教廷做事有多好，就不用每次都逼著威廉喚醒死者。」約書隨口說道。

「你是認真的嗎？讓沒有家族名望的雜牌男巫進入教廷？」伊旬的語氣有點冷。

「你這語氣聽起來很像機車的上流社會人士耶。」約書並沒有太在意，只當伊旬是在開玩笑。

他彎下腰來細看，屍體被燒得蜷曲，皮膚都已經成了黑炭。

「這不像是普通的自焚，雖然帳篷被燒黑了，可是唯一燒焦的只有胡倫而已，其他物品看起來都完好無缺。」約書抓起了桌上的兔子銅像翻看，他用拇指抹去上面沾到的黑漬，兔子銅像依然光亮，看起來毫無損壞，「男巫不太可能會這樣自體燃燒吧……會嗎？」

「不，我們跟普通人一樣，通常是老死，要不就是吸太多髒空氣或吃太油膩得癌症死掉。」伊旬邊說邊戴起了手術用手套，翻看起胡倫的屍體。

伊旬翻動著胡倫的臉和四肢，還查看了他的唇齒。

雖然外表已經被燒得一片焦黑，但胡倫的唇齒竟然還有血色。伊旬皺起眉頭，他又動手翻開胡倫的眼皮，眼皮底下的眼珠竟然沒事，只是一片白濁。

「這狀態太奇怪了吧！」約書被那白濁的眼球嚇得精神都來了。

「這不是普通的自焚，比較像是有人下過咒造成的。」

「所以這應該是一起男巫對男巫的案件？我聽說占卜巷這裡搶生意搶很

凶，有沒有可能是私仇？」約書推測著各種可能性。

「又或者……和我們最近調查的自焚案有關，你再靠近點看就知道了。」

伊甸指著胡倫的屍體。

約書湊近一看，發現屍體焦黑的皮膚上正冒著點點黑霧，那和他們在之前調查的夫妻自焚案中看到的黑霧非常類似。

簡直像故意留下簽名給他們看一樣——

「伊甸，能用巫毒娃娃試著還原他死前發生的事嗎？看看究竟發生了什麼事，他遇到了誰……」約書一轉頭，卻看到伊甸正臉色凝重地看著帳篷外。

順著對方的視線望去，帳篷的門簾不知何時被掀了開來，幾雙眼睛笑咪咪地從外頭望了進來。

幾個穿著占卜師服飾的陌生男女站在外面，用一種很不自然的僵硬表情對著他們笑。

雞皮疙瘩爬上了約書的頸子，但他還是強作鎮定，清了清喉嚨道：「不好意思，我們正在查案。如果你們有眼睛的話，外面圍了封鎖線，你們不應該在這裡圍觀。」

那些人依然沒有動靜，他們聚集在門邊，不知道究竟要做什麼，只是一直發出一種讓人毛骨悚然的古怪笑聲。

「請你們離開，不然警察北北們等一下會依照妨礙公務的罪名把你們帶去關起來喔！」約書再次警告，雖然他認為兩個警察可能正在去買第二輪甜甜圈的路上。

沒有要離開的意思就是沒有，那些占卜師們不顧警告，還越聚越多。

「不對勁，你看他們的嘴。」伊甸壓低音量對著約書說。

約書從那些不停對著他們笑的陌生人咧起的嘴裡看到了微微冒出的黑霧，這和被燒焦的胡倫身上冒出的黑霧一樣。

「該死的，我們是不是又中了什麼惡劣的惡作劇？」約書拉著伊甸微微向後退去，因為那些占卜師們正慢慢靠近。

帳篷內部就一丁點大而已，他們能退到哪裡去？

「人數太多了，沒辦法光靠烏洛波羅斯解決。」伊甸說，他瞪著朝他們逼近的人群，手掌放到了腹部上。

見狀，約書拉住了伊甸：「慢著，我們要小心點，這裡面大部分的人可都是一般人——」

約書話還沒說完，他的聲音因為胡倫的坐起而凝滯。原本呈現趴姿的焦屍不知何時已經坐起，臉整個轉向他們，兩隻混濁的白眼張得大開，直直地望向約書。

「小心！」

伊甸才剛喊出聲，胡倫的焦屍已經發出了刺耳的尖叫聲，衝上來一把就掐住了約書的脖子。

「約書！」伊甸正要上前幫約書拉開身上的胡倫時，外頭的人們一下子跟著尖叫起來，衝進了窄小的帳篷內。

混亂中，那群瘋狂發笑的占卜師們像喪屍一樣地拉扯著伊甸將他撲壓在身下。

「伊——」約書本能地想衝過去幫助自己的男巫，但他身上的胡倫卻死纏著他不放，而且力氣異常強大。

胡倫將約書壓在地上，散發著焦味的手指緊掐著他的脖子。

約書死命掙扎，出拳擊打對方，但死人怎麼會有感覺？胡倫那張被燒爛的焦黑的臉孔不斷湊近，甚至張大了嘴和牙齒想啃咬約書的臉。

就在人生跑馬燈要從約書眼前跑過時，一抹巨大的陰影籠罩在他們身上，忽然間，那抹陰影迅速地朝他們逼近，並張開了血盆大口……

在約書反應過來前，他身上的胡倫已經被一口咬掉了頭。黑色的血液噴濺在約書臉上，就像是那些灑血漿不用錢的B級恐怖片一樣。

「噁噁噁！」約書一邊作嘔著一邊推開只剩身體的胡倫。他倉促地抹掉臉上的黑血，一抬頭，卻和那隻咬掉了胡倫的頭顱的白色巨蛇對上了視線。

巨蛇對約書吐著蛇信，尾巴沙啦沙啦地晃動著，一顆圓滾滾的東西明顯卡在牠的喉頭處，並被逐漸吞下。

「好久不見了，約書。」巨蛇用一種低沉的男音對著約書說話。

約書只是瞄了巨蛇一眼，並沒有回應牠的問候，而是抬頭尋找伊甸的身影。

「伊甸！」他用沙啞的聲音喊著。

當他一回頭，卻只看見原先拚命攻擊伊甸的占卜師們正以非常不自然的方式跪坐在地。他們身體蜷曲，雙手合十，頭卻抬得高高的，像是在仰視著什麼。

約書順著他們的視線望去，一抹巨大而強壯的身影正被這群占卜師團團圍繞。

約書嘆了口氣，他看著從那抹巨大身影後緩緩走出來的伊甸。銜蛇男巫解開了他的馬甲與襯衫，腹部上墨印的召喚陣圖騰很明顯地浮出一圈，他不知在何時喊了聲敲敲門，喚出了他強大的使魔——利維坦。

CHAPTER 6

戲弄

利維坦是個巨大而強壯的使魔，和牠纖細的主人伊甸不同，牠的身形像希臘古神般健美，肌膚也像大理石般堅硬，四肢上長著細小的蛇鱗，光滑而服貼。

剛才和約書打招呼的白蛇一路滑行，爬往那隻巨大的使魔，並沿著牠的身軀一路向上爬，最後到了牠的頭頂。

利維坦有一頭由蛇構築成的白色長髮，就像傳說中的女妖梅杜莎一樣，只不過牠頭上的每條蛇都會說話。

約書拖著混亂中摔傷的腳一跛一跛地走向站在利維坦身邊的伊甸，沿途的景色變得模糊，還透著一股白光，他們像是身處在一個乾淨的白色空間裡。

約書瞥了眼那些像在膜拜利維坦的瘋狂占卜師們，他們的身體呈現著一種不自然的僵硬狀，就像石頭一樣動彈不得。

利維坦髮上白蛇們張著金色的眼珠，眨也不眨地盯著他們。

以前伊甸就警告過約書，不要盯著利維坦的頭看，當時約書還開玩笑問是不是因為利維坦是個地中海禿頭？這個玩笑只開到了約書見到利維坦為止。

「你就為了這些人類，召喚利維坦出來？」利維坦的聲音低沉，牠動了動肩上巨大的翅膀和腰下的尾巴。

沙啦沙啦……利維坦的尾巴動起來時非常大聲。

「這裡甚至連隻像樣的使魔都沒有。」利維坦抱怨著。

「情況特殊，我們只有兩個人，寡不敵眾。不叫你出來，我們就等著被四分五裂了。」伊甸嘆了口氣，伸手拍掉身上的塵埃，轉頭看了約書一眼，「你還好嗎？」

「約書、約書、約書、約書——」

「你還好嗎？你還好嗎？你還好嗎？你還好嗎——」

利維坦髮梢上的蛇頭們轉了幾隻過來，對著約書發出此起彼落的關懷聲，有點惡意。

「沒事，腳扭傷還差點被掐死了而已。」約書低著頭說。

「約書，好久不見了！」一根長長的爪子輕輕刺了約書的腦袋一下，還偷偷摳了幾下。

「別這樣！我會禿頭！」約書按著自己的腦袋，被使魔刮搔腦袋的滋味可不好。

利維坦發出了嘻嘻的笑聲，牠頭上的白蛇們也跟著發出同樣的笑聲，然後取笑他似地說著：「禿頭、禿頭、禿頭、禿頭——」

約書暗暗地翻著白眼。

「不是說過會盡量不召喚利維坦出來的大話嗎？現在連遇到不是使魔的對象都要召喚利維坦出來，是怎麼回事？」

約書可以感覺到利維坦低下了頭看他，嗅聞他。

「事出突然，我們受到的不是普通人的攻擊，而且我又不是什麼格鬥天王。」約書頂嘴，這引起了利維坦的嘻笑。

「格鬥天王是什麼東西？」

「格鬥天王就是——」

「利維坦！」伊甸喊了聲。

原來在利維坦和牠的髮蛇們忙著逗弄約書時，那些原本跪地膜拜的占卜師們又開始抽動身體，青筋暴露地吐著黑色的粉塵試圖爬向他們。

利維坦回頭，牠的髮蛇們也紛紛回頭，一瞬間，那些瘋狂占卜師們的身體像被一股外力扳折過的娃娃，再度屈膝彎腰，頭抬成九十度地仰視著偉大的利維坦。

沙啦沙啦……利維坦的尾巴再度發出了巨大聲響。

「被下了巫術的可憐螻蟻們。」利維坦說，牠的語氣像位偉大的君王。

占卜師們發出奇怪的呼喊，像禱告又像讚嘆。

「伊甸，你想要利維坦怎麼做呢？」利維坦不喊他的主人為父親，牠的尾巴不斷甩動著，髮蛇們也不斷喊著伊甸的名字。「捏碎他們？壓扁他們？像擠乾橙果般飲用他們的血液？」

「不不不！利維坦，他們只是被下了咒的普通人而已，不能殺！」約書急忙出聲阻止。

啪！

那條巨大的蛇尾搭上了約書的肩膀，大概有好幾公斤重。牠湊到約書臉旁嘶嘶地吐著舌頭：「有時利維坦會以為你才是利維坦的宿主，約書。」

從約書的視角看不見利維坦的臉，只能看見牠吐出的紅色舌頭嘶嘶嘶地抖動著，岔開的舌尖詭異地跳動，近距離的利維坦聞起來有種海腥味。

約書不說話了，他的身體很重，在利維坦面前，黑萊塔最高階的督導教士只覺得自己如沙粒般渺小。

「不要再鬧約書了，利維坦。」這時，伊旬開口說話了，平時語氣溫和的他嚴肅起來也相當有魄力。

利維坦的尾巴又在約書的肩膀上拍了幾下，才不著痕跡地慢慢滑下。

「就像約書說的那樣，不能對這些人出手，也不能傷害他們。」伊旬說。

風。

「這多無趣。」利維坦遠離了約書，約書可以感受到牠搧動翅膀帶來的強風。

「召喚你出來本來就不是為了玩樂。」伊甸說，然後他直視利維坦的臉，「你有辦法吃掉他們身上的巫術嗎？」

「你叫利維坦出來對付普通人類，還叫利維坦吃掉他們身上的巫術——這是在用牛刀殺小雞，伊甸。」利維坦的聲音壓得更低沉。

純白色的空間變得有些腥紅。

「是用牛刀殺小雞，還是你根本做不到這件事？」面對前方強大的使魔，伊甸笑得很挑釁。

約書微微地倒吸了口冷氣。只有這種時候，他會覺得之前很愛開伊甸玩笑的自己實在有夠白目，以後哪天怎麼死的都不知道。

畢竟伊甸可是個面對使魔也毫無畏懼的男巫。

「我不吃激將法這套。」利維坦的尾巴不斷拍打著地面，空間變得更加腥紅，彷彿在代表著使魔的怒氣。

「不吃、不吃、不吃、不吃——」髮蛇們像和聲似地複誦著。

「那麼沒關係，我就當作是你做不到，偉大的利維坦。」伊甸的聲音越是溫柔就越諷刺，他還故意點頭示意。

利維坦振翅著不說話，但整個空間的顏色瞬間變得像是夕陽西沉時般深紅，空氣裡飄散著一股悶熱的海腥味。

約書的心一沉，要不是伊甸鎮定自若地站在他旁邊，他還真擔心下一秒利維坦就要像咬掉胡倫的腦袋那樣咬掉他們的頭。

利維坦發出了一陣低吼，牠的吼聲類似某種鼓鳴，震得約書都快心臟病發了。

白色的大蛇紛紛從利維坦的身上掉了下來，曲折蜿蜒地爬向那些跪坐在地上的占卜師們。牠們繞上了占卜師們的身軀及頸項，張開了牠們的大嘴就要往占卜師們的頭咬下。

約書一震，正準備說話，伊甸制止了他。

原來白蛇們僅僅是含住了他們的腦袋而已。下一刻，只見那些謎樣的黑色粉塵被吸了出來，直到占卜師們筋疲力竭地倒地，白蛇們才緩慢地爬回利維坦身上。

其中那隻咬掉了胡倫腦袋的白蛇在吸完那些黑霧後不適地咳了幾聲，又把原本吞下去的胡倫腦袋原封不動地吐了出來。

約書看著地上沾染著白色黏液的腦袋，有點噁心。

待所有白蛇再度爬回利維坦身上後，利維坦再次發話了：「你的請求是種對利維坦的羞辱，伊甸。」牠伸出手指和銳利的爪，碰上了伊甸的胸口。

「不，我的請求只是證明了偉大的利維坦什麼都能做到。」伊甸卻說。

「口蜜腹劍。」

「是實話實說。」

原先在利維坦盛怒之下呈現一片深紅的空間，在幾秒鐘的沉默後慢慢變回了原先的純白，伊甸包裹著糖衣的話術似乎讓利維坦買帳了。利維坦收回手，如鼓鳴般低沉的吼聲也逐漸停歇。

利維坦嘻嘻笑了聲，「別以為幾句甜言蜜語就能獲得利維坦的寬恕，該奉獻犧牲的東西依舊不可少，利維坦只品嘗高級的美酒與佳餚，這是你欠利維坦的。」

「我很清楚。」伊甸說。

一旁的約書皺眉，似乎又想開口說些什麼，卻被伊甸制止了。

「現在，偉大的利維坦，請先歸巢休息吧！」伊甸注視著利維坦。

拍動著翅膀的利維坦沉吟了幾聲後，慢慢地爬回了伊甸的腹部內，頭上的髮蛇不停地說著：「再見、再見、約書、再見——」

那根巨大的尾巴還不忘勾了約書的肩膀一下。

「對了，利維坦的毒蛇們吃掉了惡毒的巫術，巫術的力量強大，利維坦聞到了很有意思的臭味。」在完全歸巢前，利維坦留下了這麼一段話。

待利維坦完全歸巢後，純白色的亮光消失，小巷弄內再度恢復了冷清陰暗的模樣。

約書看著伊甸，正想說些什麼，伊甸卻先一步開口：「利維坦會說很有意思的東西，通常表示那東西具有很強烈的威脅性，我們可能正面臨一個很強悍的對手。」

「至今流浪在外的巫族中，有巫力如此強大的男巫嗎？」

「如果是女巫，很有可能。」

「現在還有女巫的存在嗎？」

伊甸搖搖頭，非名門家的女巫比男巫更容易發現，在早些年幾乎被獵殺殆盡了。

「那麼，有沒有可能是背離教廷的名門男巫……」約書想到了一個人，顯然伊甸也是，他們很有默契地互看了眼，卻都沒說出那個名字。

「我們先別擅自猜測，以證據為優先，不然這種猜測太容易造成恐慌了。」伊甸說。

「我明白，事情只會變得更加棘手。」約書頭疼地按著腦袋，他看向伊甸，「不過對方已經三番兩次設陷阱給我們跳了，難保下一次還會有類似的情況發生，我們還是必須想辦法盡快抓到對方，我可不想要天天和偉大的利維坦碰面。」

「為什麼？偉大的利維坦看起來滿喜歡你的。」伊甸刻意挑眉。

約書難得皺起了眉頭，「那叫喜歡？牠小學男生喔！喜歡人家就要拉人家辮子欺負人家！」

伊甸笑了一聲，但還是刻意正經八百地說：「真的，如果不喜歡的話，牠會直接咬掉你的頭。」

「說到頭……」

約書看向眼前倒成一片的占卜師們，然後是他腳邊那顆被吐出來的焦黑頭顱，他「呀啊」地尖叫了一聲。

「怎麼了？」伊甸看著維持面無表情模式爬到他身上的二十五歲男子。

「我以為他的嘴巴又動了！」

伊甸順著約書的話看去，原來是胡倫頭顱的下巴掉了下來，導致約書以為胡倫又活了過來。

「不用擔心，他是真的死透了。」伊甸說。

頭顱在他們面前碎成了一團黑色碎屑，最後化成他們之前所見過的黑色粉塵，冷風一吹，便隨之飄散在陰冷的小巷弄中。

只見一枚閃著亮光的金屬物品被遺留在地面上。

「那是什麼？」約書詢問彎下腰去撿起金屬物品的伊甸。

本以為是胡倫的耳環或舌環之類的，伊甸卻在細看那枚金屬物品後，一臉困惑地將東西交給了約書。

約書看著手掌上的東西——竟然是一枚刻著獅頭圖騰的金色袖釦！

「不准動！把手舉起來！」

直到這時，兩個警察才舉著槍姍姍來遲，其中一個還氣喘吁吁地含著剛出爐的甜甜圈。

握著只有獅派教士才會擁有的金色袖釦，約書嘆了口氣心想，今天還能更糟嗎？

此時的約書只是還不知道等回到黑萊塔後，等待他的是什麼。

柯羅手裡的黑針不斷發燙，燙到他最後不得不用萊特每天都會幫他準備好塞在口袋裡的「香香手帕」去抓。

朱諾的影子竟不要臉地幻化成了和此時的丹鹿、萊特年齡相仿的孩子，然後質問著小丹鹿和小萊特為什麼沒讓他加入。

小丹鹿對於這個本就不存在於他回憶中的紅髮孩子似乎有點困惑，他歪著腦袋，一副正在思考的模樣。

「我們一起玩過好多次了，你忘了嗎？」朱諾的口氣非常理直氣壯。

柯羅眼見整個回憶空間在這時扭曲了一下，像失真的影片，但很快又恢復了正常。

「喔對，我怎麼忘了！」小丹鹿睜大了眼，很快便對著朱諾露出了熱情微笑，他朝朱諾招手道，「我們要跳進湖畔游泳！快跟我們一起來！」

三個孩子很快地結伴而行，繼續往湖畔前進。

「那個蠢蛋萊特居然也跟著上當！」柯羅忍不住低吼。直到他後知後覺地想起自己並不是身處在現實中，而是在丹鹿的回憶裡。

在丹鹿回憶裡，能做出反應的只有丹鹿，回憶中的其他人只是依照他的設想去作出相對應的行為而已。

但柯羅看了還是很不爽，他倒是有點理解榭汀對朱諾這麼反感的原因了。

握緊手中的黑針，柯羅繼續尾隨三人前進。

一路打打鬧鬧來到湖畔旁的孩子們很興奮，他們跑上木棧道，脫了衣服就準備跳進湖裡游泳。

朱諾先一步跳進湖裡，看起來很悠然自在地游了一圈，然後朝著岸上的丹鹿呼喊著：「寵物！快下來！」

「你為什麼老是叫我寵物？」小丹鹿有點不滿。

「快下來！」朱諾又喊了一次。

小丹鹿嘴裡碎碎念著，但還是聽話地跟著跳進了湖裡。只有小萊特抓著游泳圈被晾在岸邊徘徊。

「萊特你在等什麼？」游得很開心的小丹鹿喊道。

「你說要先教我游泳的！」小萊特喊著。

「我會教你啊！你先把游泳圈套上，然後慢慢……」

「別管他了，我們游遠一點！」朱諾打斷小丹鹿，他慫恿著。

「不能不管他，不然我爸會把我打死！而且哪有人放著朋友不管的！」小丹鹿斥責道。

「但我也是你的朋友！」朱諾瞬間變了臉，似乎嚇到了小丹鹿和小萊特。

「但我們還是不能丟下萊特不管——」小丹鹿說。

柯羅只想打死朱諾。

朱諾浮在湖中，只露出半顆頭瞪著小丹鹿，不知道在想什麼。

「如果你不高興，我們就不要游了。」小丹鹿說著說著，就準備上岸。

「不不不，我們繼續游！」朱諾忽然改變了心意，他提議道，「這樣吧，我來教萊特游泳。」

「你願意嗎？」小丹鹿笑開來。

「不！」柯羅一不小心喊出口來。

孩子們齊齊望向柯羅所躲藏的樹林裡。

「有人在那裡嗎？」小丹鹿狐疑地問道。

幾秒過去，樹林毫無動靜，只有一隻黑色的烏鴉飛到樹上，並且不停地啊啊啊叫著。

「是烏鴉啊……」小丹鹿鬆了口氣，他哈哈大笑道，「我還以為是什麼樹林裡的戀童變態大叔之類的。」

變、變態大叔？及時變成烏鴉躲在樹上、今年才十七歲的柯羅先生非常不滿意被這麼稱呼，而且真正的變態大叔明明就在他們旁邊！

在確認了樹林裡的只是烏鴉後，孩子們又像沒事般地繼續閒聊。

「好想吃冰棒啊！」炎熱的太陽讓遲遲不敢下水的小萊特頹喪地坐在木棧道上，像隻中暑的金髮小狗。

「不然我們等等再繼續學游泳吧？先回家吃點東西，我媽有做冰棒喔！」小丹鹿提議。

「好啊！」

或許在沒有朱諾存在的記憶裡，兩個小朋友就只是在湖邊戲水完就回去，但在有朱諾的記憶裡，他似乎不想讓這段記憶輕易結束。

「不准！」朱諾打斷他們，他忽然堅持道，「說好要由我教萊特游泳的。」

「可是我真的好想吃冰啊……」小萊特一臉失落。

說。

「不然——」

「不然這樣吧，你回去拿冰棒來，萊特和我留在這裡繼續學游泳。」朱諾說。

柯羅咬牙，他不理解朱諾忽然這麼提議的理由是什麼。

「可是……」小丹鹿看起來有點猶豫。

「我們不是朋友嗎？朋友就該相信朋友。」朱諾拿出了小丹鹿自己說過的話來堵他。

小丹鹿猶豫了一會兒後，在朱諾的咄咄逼人下，他妥協了，「但你一定要幫我顧好萊特喔！」

柯羅不知道有多想衝出去把朱諾從湖裡拉出來揍一頓，再把輕易相信朱諾謊言的小丹鹿抓起來暴打一頓屁股；然而現在的他不能被丹鹿發現自己的存在，要把朱諾揍一頓，只能等對方落單的時候。

朱諾笑了，「當然。」

「我很快就回來！」小丹鹿爬上木棧道對著小萊特說完，便很快地朝家裡的方向衝刺。

柯羅看向被獨留在原地的朱諾和小萊特，還是不能理解朱諾這麼做的用意是什麼，但這倒是提供了一個很好的刺殺環境。

柯羅飛下樹，變回人形，然後握緊了手中的黑針躲在樹幹後方等待時機。

「教士、教士、教士，你為什麼在岸邊像傻瓜一樣盯著我看呢？」朱諾在湖裡自在地游著泳。

沒有記憶主人的存在，小萊特就像失了靈魂的娃娃，站在木棧道上盯著湖裡的朱諾看。

柯羅小心翼翼地匍匐前進。

朱諾對著小萊特笑咧了嘴，接著潛進湖裡，直到湖面一片平靜。

怎麼回事？朱諾是把自己溺死了，還是他對這段記憶的干擾就到此為止？

柯羅想了好幾種可能，但他手裡發燙的黑針卻明白了當地告訴了他，朱諾還在這裡。

倏地，湖面傳來一陣嘩啦水聲，原本潛進湖裡的朱諾忽然浮出水面，他伸手一抓，把停留在岸上的小萊特一把抓進湖裡。

「我們來實驗看看記憶中的人是不是能被淹死！」朱諾哈哈大笑著，他抓著小萊特的金髮，將他整個人淹進湖裡。

「萊特！」見到這一幕，柯羅也顧不得隱藏了，他抓緊手上的黑針衝了出去，毫不猶豫地跳進湖裡。

但當柯羅進了湖裡，原本在岸旁的朱諾卻忽然消失了蹤影。

「萊特！」看著靜止的湖面，柯羅焦急地大聲喊著，直到後方忽然浮起了某樣東西。

柯羅轉過身，金髮的孩子毫無生息地浮在湖面上，看上去像個被遺棄的娃娃。

「萊——」柯羅正要游過去，後方有人抓住了他的衣襬。

「猜猜實驗結果怎麼樣……」

柯羅轉過頭去，朱諾就在他身後。

「淹得死喔。」

已經在丹鹿湖畔旁的童年回憶裡流連了許久的朱諾，早就發現了柯羅的存在。

在這段記憶裡已經稱王許久的朱諾喜歡不斷逗弄那幼小的寵物教士與他的金髮朋友，不斷把金髮的小教士用各種方式丟進湖裡折磨，再看著寵物教士急得跳腳，是每次這個記憶循環時最大的樂趣。

朱諾不允許有人來打擾這種樂趣。

「你以為你躲在那裡沒人發現嗎，小烏鴉？」朱諾死死抓住柯羅的黑髮將對方往湖水裡拖。

柯羅被不斷壓進水裡幾次，他嗆咳著不斷往上游，試著吸取新鮮空氣。

「是不是賽勒讓你們進來的！快說！」朱諾咬牙切齒地吼道，但他根本沒讓柯羅有說話的機會。他將柯羅的腦袋按進湖水裡，顯然是打算溺死他。

柯羅劇烈掙扎著，混亂中，他握緊手上的黑針用力往朱諾身上扎了幾下。

「啊！」朱諾尖叫著推開了柯羅，他看著手臂上的血痕，憤怒不已，「你做了什麼！」

柯羅不斷嗆咳著，但還是不放棄羞辱朱諾幾聲：「被刺得還開心嗎，臭蟲子！」

「賽勒派你們來消滅我的是不是？」朱諾看著柯羅手中的針刺，神情非常憤怒。

柯羅沒有說話，握緊了黑色針刺就想再往朱諾身上刺。

朱諾卻再次潛進了湖裡，柯羅想跟著追上去，回頭卻看見原本漂浮在那裡的小萊特也被拉了下去。

「萊特！」

柯羅瘋狂地尋找著萊特的身影，他潛進湖裡，從上頭灑下的烈陽變成了柔和的綠色波光，上面和下面像兩個世界一樣。

小萊特的身子就漂在那裡，並不斷地往下沉。

柯羅努力游了過去攬住了小萊特的身體，而當他好不容易把人拖出了湖面，萊特已經……

「萊特！醒醒！你……」柯羅捧起小萊特的臉，才發現小萊特並沒有大礙，只是雙眼無神地看著他。

畢竟是丹鹿的記憶片段，主人不在的記憶裡，這些記憶們也只是停留在那一刻而已，沒有死亡的問題。

想起這點的柯羅立刻發現大事不妙，不過已經來不及了。

「你們教廷的男巫真是蠢得誇張耶！」朱諾出現在柯羅身後，這次他擋住了柯羅拿著黑針要刺向他的手。

「看看你，就算發現了金髮教士只是回憶，你還是抱著他不放。」朱諾發出了討人厭的哼聲。

「我要殺了你這王八——」

朱諾並沒有給柯羅說太多話的機會，他反手搶過柯羅手上的黑色針刺，按緊了柯羅的肩膀，抬手就將黑色針刺刺入了柯羅的胸膛裡。

胸前傳來的刺痛讓柯羅不得不放掉了懷裡的小萊特，他呼吸不過來，尖銳的疼痛讓他說不出話。

「帶話給我兄弟，他如果想玩遊戲，我是絕不會輸給他的。」朱諾放開了柯羅，讓捧著胸口的柯羅逐漸沉入湖裡，「當然，前提是你還有機會帶話給他的話。」

柯羅不可置信地看著朱諾，眼見急遽變冷的湖水淹進了他的鼻腔和口內，身體越沉越深。而跟著他沉沒的則是回憶裡的小萊特，對方的金髮就算在湖底深處依然如此耀眼。

柯羅閉上了眼。

CHAPTER 7

展開行動

陰雨連綿中，丹鹿和朱諾的車從主要道路上緩緩開進一旁長滿雪松樹的小路，幾個警察零零散散地在樹林中走著，黃色的封鎖線在一棵高大的雪松樹附近圍了一圈。

丹鹿將車停在路邊，他撐了傘下車，習慣性地繞到對面替朱諾開門，並且擋雨。

「你做得很好，寵物，這是個紳士之舉。」朱諾下車時，對丹鹿伸出了手要他牽著。

「你都這麼大的人了，還要人家牽？」丹鹿一副很受不了的模樣，但還是牽起了朱諾的手，並且為對方撐傘。

「小心別讓我淋到雨了。」

「知道啦！知道啦！」

兩人在雨中撐著傘往警方走去，腳下一片泥濘，汙泥濺滿了丹鹿的靴子，朱諾腳下的那雙高跟鞋卻依舊光亮如新，因為他走起路來就像毒蠍似的，輕巧無息。

「約書沒有說是什麼事，只是叫我們先過來看看對不對？」朱諾把玩著指甲，彷彿已經看透一切。

「你怎麼知道？」丹鹿奇怪地盯著朱諾看。

此時雨勢忽然小了許多，林裡開始出現烏鴉的叫聲，牠們不約而同地落在某棵樹上，開始嘰嘰喳喳起來，像在八卦著什麼。

丹鹿好奇地看著那棵樹，不知道樹上有什麼東西。

「我跟你打個賭好不好？」這時朱諾忽然說道。

「什麼？」丹鹿問。

「我跟你賭你那棵樹上面有顆女人的頭。」

「你不要在那裡胡說八道好不好！」丹鹿笑出聲來，忍不住吐槽道，「你的能力又不是通靈，不要又胡說八道嚇我，我都懷疑你有反社會人格了，是不是應該帶你去看心理醫生。」

「我是說真的。你要不要賭？如果你輸了，今晚就要幫我按摩腳和身體。」

「是喔是喔，你輸的話呢？」丹鹿一邊收起傘一邊敷衍應話。

「針鱟家的人玩遊戲是絕不會輸的。」

「少在那邊……」

「教士先生，你們終於來了。」一名穿著制服的中年巡警拿著筆和文件朝他們走來。

「發生了什麼事嗎？」丹鹿指著樹外的一圈封鎖線。

「說來話長，總之是很奇怪的事。」巡警搔搔腦袋，他瞥了眼朱諾，但很快又收回視線，「我們懷疑這可能和女巫們有關。」他指指樹上。

丹鹿往樹頂看去，上面一片黑壓壓的。

「最近連著幾天都有人來通報，說經過這片雪松林時會——」

「聽到樹上傳來女人唱歌的聲音。」朱諾接話。

「你又知道了？」丹鹿說。

「你怎麼知道！」巡警一臉驚訝。

兩人互看了一眼，丹鹿又再度看向朱諾，他問：「慢著，你是不是瞞著我偷偷看過案件資料之類的？大學長給你的？你們現在是想聯手整我？整人大爆笑的攝影機在哪裡！」

「沒那回事。」朱諾笑咧了嘴，他說，「我只是能預知你腦袋裡所有的事。」

「我實在是聽不懂你在說什麼。」丹鹿嘆了口氣，對著巡警說，「抱歉，朱諾就是這個樣子，你繼續——」

在丹鹿和巡警說話時，朱諾邁步往圍起封鎖線的大樹走，在丹鹿大喊著「喂，別跑離我的視線」時也沒停下。

朱諾很清楚自己要做什麼，他讓自己的蠍子爬上樹，拽下那女人的頭顱，和丹鹿證明自己贏了他們的打賭。

然後稍晚在入住豪華酒店時，丹鹿就必須兌現他們的賭約。

一切都是這麼輕鬆容易。

朱諾早就在暗處觀察過一切了，他知道榭汀和丹鹿是怎麼走完這趟旅程的。教士們和男巫們像親密的朋友一樣，互相幫忙解決問題，處理掉在松樹林裡那隻噁心的使魔，最後結案。

這多令人作嘔啊！

朱諾來到那棵有著女人頭的大樹下，讓自己隱於丹鹿和巡警看不到的樹後方。他沒有將注意力放在樹頂上，反而將注意力放在了樹下。

朱諾用高跟鞋輕輕踢開鬆軟的泥土，泥土之下覆蓋的，是一束淺藍色的長髮。

他露出一抹調皮的微笑。

在某次丹鹿關於雪松鎮的記憶循環時，他趁著榭汀那個蠢蛋離開丹鹿的視線，抹除了榭汀的存在，將關於榭汀在這裡的記憶埋到了樹下。

丹鹿一點都不會記得他曾經和榭汀來過這裡。

晚一點的時候，遺忘了榭汀的丹鹿會走過來關心他，他的靴子將會踏過那些關於榭汀的記憶。取而代之的，朱諾將會替代榭汀演完整套回憶。

而現實裡的丹鹿，只會記得這段有朱諾在的回憶而已。

「祝你和現實裡的榭汀都睡得香甜喔，小貓咪。」朱諾用高跟鞋將土撥回了藍色的長髮上，並狠狠地將土壤踏實。

「現在，該配合演出的工作還是要做。」朱諾從懷裡掏出了一隻巨大的紅蠍，「乖寶貝，去把那顆人頭咬下來，作為獎勵，等會兒可以吃掉女人的眼珠。」他將紅蠍送上了雪松樹。

紅蠍一路爬行，消失在樹影之中。

朱諾把玩著自己的紅色指甲，一邊哼著傳聞裡女人們會哼的歌聲，一邊等待著丹鹿和巡警談完話來找他會合。他想著，今晚要讓丹鹿帶他去吃什麼東西呢？或是今天見到記憶中的柯羅和萊特的話，不曉得能不能把他們推向大馬路邊再讓車撞一次？

還沒決定好晚上要讓丹鹿服侍他什麼時，朱諾忽然聽到樹上傳來了動靜。

「這麼快？」

一個東西一路跌跌撞撞地滾了下來，最後掉在朱諾面前。

本以為會是女人的頭，沒想到掉落在眼前的，竟然是剛剛他派上去的紅蠍！

紅蠍的肚子破了一個大洞，針螯則是連同尾巴全部都被殘忍地拔除。

「搞什……」朱諾一臉莫名其妙地往上方看去，一對發亮的瞳孔在黑暗之中閃爍。

「謝謝你的祝福喔，你這隻臭蠍子！」

「榭汀?!」

本來應該被朱諾埋葬在樹下的榭汀此刻竟盤踞在樹上，也沒有給他反應的機會，他握著手裡的黑色針刺一躍而下，瞄準了朱諾的心臟就要攻擊。

立刻向後退去的朱諾雖然躲過了這一擊，黑針卻在他的手臂上留下一道長長的傷口，紅色的血液冒出，疼痛難耐。

「該死的臭貓！」朱諾轉身就往樹林裡逃竄。

「嘖！」失手的榭汀懊惱，握著黑針追了上去。

兩人一路追逐進了茂密的雪松林中，在泥濘的草地裡展開了高跟鞋和花雕皮鞋的追逐戰。

「是賽勒讓你進來的嗎？你還真是不死心！」朱諾邊跑邊大笑起來，他身上爬出許多顏色鮮豔的小蠍子，不著痕跡地追著榭汀的腳步聲而去。

「我一定會讓你死得很難看！」榭汀喊著，他在雪松林裡不斷尋找著朱諾的身影。

「我是不是把你氣得火冒三丈了？」朱諾嘻笑著，悄悄地在樹林間遊走。

「我在你的教士腦袋裡這麼久，你一點辦法也沒有。」

「還要求助你的奶奶。」

「你這沒用的小貓咪！」

朱諾的聲音在雪松林裡的各處響起，他的蠍子們不只毒性很強，也很會模仿他的聲音。他讓毒蠍子們引誘著榭汀前進，若是榭汀自以為可以找到他，再用黑針刺死他，那麼榭汀將會被他的蠍子們給反噬。

「小貓咪，快來。」

「貓咪貓咪貓咪——」

朱諾躲在暗處發笑，像是在和榭汀玩著捉迷藏一樣。

然而他卻注意到，榭汀已經很久沒發出動靜了。或許是貓的習性讓他走路毫無聲息，但朱諾很肯定對方一定在暗處埋伏，準備攻擊他。

「尋找發亮的雙眼，貓咪一定會在暗處露出他狡黠的眼睛。」朱諾輕聲提醒著蠍子們。

蠍子們聽從著指令，在暗處尋找著貓咪的雙眼。當牠們在暗處看到了那雙金色的瞳孔時，牠們便奮力地群起圍攻，直到兩只金色的小玻璃瓶從樹叢中掉出來為止。

朱諾沒料到榭汀竟然耍這種花招，他看著一隻朝他接近的小紅蠍，再次命令：「他一定藏在某個地方，再仔細地……」

話還沒說完，朱諾忽然瞪大了眼。因為等他意識過來時，那隻朝他逼近的小紅蠍已經變成了榭汀，而榭汀手中的黑色長針正扎在他心臟上。

榭汀將黑色長針緩慢地插進朱諾的心臟裡，直到對方痛苦地癱軟在地，他才蹲下身來，在朱諾耳邊輕輕喊了聲：「喵——」

很快地，朱諾血色全無，他瞪著榭汀，黑色液體從他的眼耳口鼻冒出，接著整個人不斷萎縮，最後縮小成了煤炭般的黑色碎屑。

榭汀將黑色碎屑丟進賽勒交給他的小玻璃瓶內。

「第一隻，清除完畢。」

雖然只是個開始，但榭汀還是忍不住伸了伸懶腰，感覺很久沒這麼舒暢過了。他閉上眼，深吸了口氣，而就在這短短的幾秒內，雪松林的場景也再度變化。

丹鹿的記憶開始回放。

等榭汀再睜開眼時，他人已經坐在教廷配給的那臺小車裡，旁邊坐著的是正在解釋自己為什麼怕貓的丹鹿。

榭汀忍不住微笑，他還記得這段的開場是——

「你在逗我嗎？這就是你怕貓的原因？」

萊特看著裹在棉被裡、戴著眼鏡身穿睡衣在打電動的丹鹿，又是一個無言以對的狀態。

這裡的丹鹿已經不是那位一百八十公分的帥氣鹿學長，只是他平常的模樣，個子矮、眉毛有點濃、對於臉型不夠堅毅而有點介意的那個鹿學長。

「這……又是怎麼回事？」萊特問。

「陪我打電動。」丹鹿將手把塞給萊特，然後又懶懶地轉過身去打起電動。

萊特看著手裡的手把沒有動作，丹鹿嘴裡咬著零食，塞了一盒爆米花給他，一邊說：「你要吃什麼都可以說喔！那裡有臺自動販賣機，任何食物都可以取得，所以不用擔心餓死。」

「不是，我說……鹿學長，能不能和我解釋一下這是怎麼回事？」萊特實在求助無門，只能和幻想中的丹鹿求救。

「為什麼要解釋？現在這樣不好嗎？我們可以不用工作，每天在房間裡耍廢就好，不用去面對外面那些可怕的使魔、死去的年輕生命、傷心的家屬、惡夢，還有被精神控制什麼的。」丹鹿躺在靠枕上不停說著，最後他又勸萊特，「你乖，在這裡待著就好了，這裡很安全。」

萊特歪了歪腦袋，他觀察著這樣的丹鹿，也不著急，坐著陪他打了一下電動，就像他們童年時一樣。

偶爾萊特也滿想念這種感覺的，那時的他們多麼地無憂無慮啊。

電動像打了一輩子，直到萊特輸了這場遊戲才停止，但在現實中，萊特打電動從無敗績，他太幸運了。

「你是鹿學長的什麼白日夢呢？」終於，在萊特第二次輸了遊戲後，他好奇地開口詢問。

丹鹿看著萊特，像是早知道他會問這個問題一樣，嘆了口氣然後倒進柔軟的大床裡。

「我是如果真的解不了蠍毒所以被迫退休返鄉還被迫下嫁暹貓家但因為中了樂透還不小心發明出萬用食物販賣機因此大富大貴每天只要窩在房間裡耍廢就好的白日夢。」白日夢裡的丹鹿還可以一口氣說完所有話。

萊特點點頭，這白日夢裡頭好像混進了一點奇怪的東西，但多多少少也解釋了為什麼床頭會掛著微笑的貓先生和黑著臉的鹿學長的結婚照。

「很酷的白日夢。」萊特做出評語。

「酷個屁啊！都沒有人告訴我在快睡著的時候做白日夢，裡頭會出現奇怪的情節……」丹鹿嘟噥著，嘆了口氣，「只不過在這個白日夢裡，感覺是最安全的。」

「說到這個，鹿學長啊……能不能告訴我，我們到底為什麼忽然來到了這裡？」

丹鹿看著不停裝出狗狗眼、就差沒對他翻肚子的萊特，心不甘情不願地道：「因為你問了門和窗戶的問題。」

「怎麼了嗎？我是真的很困擾啊！我在你的白日夢裡只能找到鎖死的門和焊接起來的窗戶，這裡甚至連門和窗都沒有！到底為什麼？」

「那是因為……」丹鹿的眉頭皺了起來：「門窗外有可怕的東西。」

「可怕的東西？」

「對，那個東西有著一頭紅色的長髮，惡劣的性格、刻薄的態度、殘忍的蛇蠍心腸、暴虐的——」

「你說朱諾？」

「嘖，你就不能讓我鋪陳完嗎？」

「抱歉，你繼續。」

「——暴虐無道的脾氣和整死人不償命的惡毒巫術！」丹鹿張牙舞爪地學著對方的姿態，他坐回床上解釋道，「自從我被朱諾咬了之後，那傢伙就時常出現在我的夢境裡折磨我，後來又進入我的記憶裡攪亂我的腦袋……我的白日夢變成了他唯一還沒涉足的地方。」

丹鹿看著萊特，「你應該知道他進入我夢裡的唯一方式是什麼吧？」

「門和窗？」

「答對了！門和窗戶是他進入的唯一方式。」

「原來這就是你把門窗鎖起來的原因！」萊特恍然大悟。

「對，我的白日夢做了一個白日夢，那個白日夢就是把門和窗戶都鎖上，可怕的怪物就進不來了。」包著棉被的丹鹿點點頭。

「這樣的話，那我是怎麼進來的？是因為賽勒重新入侵——」

「什麼？又有人對我的腦袋做了什麼嗎？」丹鹿臉一垮，面露驚恐，四周的牆一下子逼近。

哇，看來朱諾帶給鹿學長的陰影真的很強烈。萊特心想。

「沒有沒有，我開玩笑的，我也是你的白日夢而已。」萊特靈機一動，「對，我是你的白日夢，你想像出來的好朋友萊特。」

「真的？那你現在變成獨角獸給我看看。」

「好啊！」這點萊特正好辦得到，他嘖了一下舌頭，一隻獨角獸千嬌百媚、玉體橫陳地躺在丹鹿的大床上。

丹鹿一臉滿意地點點頭。

「好吧，我相信你。」丹鹿把電動手把再度遞給獨角獸，「那我們繼續耍廢無所事事吧！」

獨角獸坐起身，用他的獸蹄推開了電動手把。

「不行，鹿學長，我還有正事要做，不能再耍廢下去了。」

「不要掃興啊萊特！你可是獨角獸耶！你連大便都會噴彩帶！」白日夢鹿學長很任性。

「鹿學長……」獨角獸變回了萊特，他拉下丹鹿的棉被，「我知道外面的東西很可怕，可是一直把自己關在這裡不是也很孤單很恐怖嗎？」

「不會啊，很舒適，而且這裡還有你不是嗎？」丹鹿又縮進棉被裡，「外面的東西真的很可怕。」

「有我在，外面的東西不是就不這麼可怕了嗎？」萊特看著一臉猶豫的鹿學長，保證道，「我發誓，如果他真的出現，我會拿黑色的針刺他，替你除掉他！」

「他很危險，要是他把你撕成兩半，我又救不了你怎麼辦？」

「你知道你在跟全學年近身戰第一名的人說話吧？」撕得了萊特的可能只有近身戰的上屆冠軍小仙女卡麥兒辦得到。

「可是……」

「小時候都是你在保護我，這次換我保護你，好嗎？」萊特看著動搖了的丹鹿，又加碼裝出一副幼犬的可憐模樣，「而且我不能一直待在這裡，一直待在這裡我會像夏天裡被留在車子裡的小狗，最後窒息而死。」

萊特逼真地上演了一場窒息而死的畫面。

「啊——你真的很煩耶！」丹鹿抓了抓腦袋，一臉受不了的模樣。

周圍的牆開始後退，恢復到原本的模樣，門窗的形狀逐漸浮現在牆上。窩在棉被裡的丹鹿盯著那些門和窗戶，看起來還是相當恐慌。

萊特看著這樣的丹鹿，輕輕嘆息後忍不住笑了。這就是鹿學長，就算是面對自己害怕的事物，為了家人和朋友，還是會強迫自己去面對。

「我保證我會把朱諾通通清除乾淨，絕不會讓他有溜進來的機會，好嗎？」萊特和丹鹿再三保證。

丹鹿沒有回應，但牆上的窗戶和門已經完全浮現出來，這次沒有鎖住，也沒有被焊接。

「太好了！謝謝你，鹿學長！」萊特開心地跳了起來。

「你確定不繼續和我一起待在這裡？」躲在棉被裡的丹鹿問。

「下次有機會再一起玩怎麼樣？」萊特心想，如果他能纏著賽勒再讓他入夢一次的話。

「千萬要小心點，萊特，如果你有個萬一……」

萊特和丹鹿很有默契地互看了眼。

「我爸會把我打死！」

「瓦倫汀先生會把你打死！」

兩人笑出聲來，房間的大門吱呀一聲打開了，外面一片黑漆漆的，什麼也看不見；但萊特還是握緊了他藏在口袋裡的黑色長針，準備出門。

不過出門之前萊特還有一個疑問，他轉頭看向丹鹿：「是說鹿學長……」

「怎麼樣？決定回來一起耍廢了嗎？」

「不是，我只是想說，我本來以為你對退休生活的幻想會是娶一個美嬌妻陪你走過後半生耶，結果竟然選擇了貓先生嗎？」萊特哈哈笑著，對丹鹿揮了揮手後開門離去，留下丹鹿一人在原地懷疑人生。

對耶，從什麼時候他對於退休後擁有美嬌妻的幻想被變成了這副德性？

丹鹿看著床頭櫃上的結婚照，在自己的白日夢裡嗚嗚嗚地哭了起來。

「別哭了，老鼠，上床來吧！」榭汀突然穿著浴袍出現在床上，伸手不停拍著身旁的空位。

丹鹿瞪著床上的白日夢貓先生，他恨恨地想著，都是萊特這傢伙害的！

門外的萊特不知道白日夢丹鹿正在安全房裡詛咒他，當他終於得以脫離丹鹿的白日夢後，他來到了熱鬧嘈雜、令人印象深刻的某個場景——

天花板上懸掛著巨大的假月亮，舞池中央有座黑色的巨牛銅像，銅像的屁股上都是親吻過後的口紅痕跡。

萊特擠在舞池人群裡，一抬頭就看到了不遠處的自己和鹿學長正站在針蠍雙子的面前和他們對話。

萊特記得，就在這之後的幾秒內，站在鹿學長前方的朱諾將會低頭往鹿學長臉上咬一口，造成他們現在的大麻煩。

他下意識握緊了黑色長針想制止這一切，但站在朱諾身旁的一臉冷漠的賽勒卻又提醒了萊特，真實存在於鹿學長記憶裡的朱諾是不能抹滅的。

如果抹滅了，只會造成反效果。

「啊啊啊啊討厭！」萊特在舞池裡懊惱地抱頭喊著。他什麼都不能做，只能眼睜睜地看著鹿學長被咬上一口，記憶裡晚一步追上的柯羅從他身邊跑過，然後來不及阻止一切的發生。

扼腕地嘆了口氣，別無他法，萊特只能立刻往反方向開始奔跑，朝大門而去。

而再度打開門的萊特，這次卻進入了丹鹿的惡夢中——

CHAPTER 8

瀕臨死亡

威廉在放滿冰水的浴缸裡醒來，他被凍得嘴唇發白，口中都只能吐出白氣。他並沒有急著從浴缸裡跳出來，只是緩緩坐起身，觀察自己的肌膚和髮色。因為過度使用巫力而老化龜裂的肌膚已經完全恢復了原先的光滑細緻，變青的髮色也逐漸變回了柔美的粉紅色。

在確認了身體恢復得差不多後，威廉才終於緩緩起身，顫抖著擦乾自己，穿上乾淨的新衣服，並擦拭起自己濕漉漉的長髮。

看著鏡子裡恢復秀麗容貌的自己，威廉在吹乾了一頭柔順的粉紅色長髮後，用梳子仔細梳理一下，再俐落地將長髮編成辮子，最後用絲帶綁起。

在威廉還小的時候，母親都會這樣替他整理頭髮，那是他對認識不深的母親唯一僅存的少數幾個記憶。

威廉輕輕撫摸著自己的頭髮，在母親完全離開他的生命後，他就只能自己練習著怎麼整理頭髮、怎麼一個人生活。

一開始他很害怕、很無助，但有好長的一段時間，柯羅也和自己一樣，家人都離開了，只剩他們孤單一人。

這樣的柯羅雖然過得亂七八糟的，至少還是活得很自在，每天都還有力氣和他鬥嘴，和榭汀一起欺負他。

如果討人厭的柯羅能夠承受這些，自己一定也可以。威廉是這麼想的，這支撐他度過了那些獨自一人、難以撐過的孤獨時刻。

為了證明自己比柯羅厲害，年紀比較小的他甚至變得比柯羅更會打理自己。

威廉一直覺得柯羅和自己很像，雖然他們討厭對方，見了面就一副恨不得殺死對方的模樣，其實卻有著別人所沒有的共通點。

威廉討厭柯羅，柯羅卻也是他生活裡不可缺的一部分。

這種微妙的平衡在新任督導教士抽籤時破滅了。

柯羅得到了一個老是在笑、會主動關心人、好像每天都很開心的萊特。

威廉從沒遇過這樣的教士。

萊特的態度總是很真誠，彷彿真的很在乎說話的對象一樣。獨自生活了很久的他已經許久沒有受到這樣的關注了……萊特和其他人不一樣，就算自己身上散發著死亡的酸腐味、就算自己肚子裡養著骯髒汙穢的生物，萊特也不會嘲笑他。

但萊特始終不是自己的教士……

自己得到的是那個自大傲慢的教士格雷，格雷對他沒有任何幫助，甚至讓他原本平靜的生活變得更難受了。

威廉好嫉妒。為什麼自己的教士不是萊特？到底為什麼？就算因為這種嫉妒差點害死了柯羅，這樣的想法仍然不斷跳出，在他腦海裡反覆播放。

威廉深吸了口氣，甩甩腦袋，繫上領結，整理好自己，走出他專用的盥洗室，回到了滿是夜來香的辦公室。

辦公室內很安靜，只有他一個人。

昨晚威廉並沒有回到宅邸，被柯羅臭罵了一頓後他在辦公室裡坐了一夜，等著萊特帶著柯羅回來原諒自己。

但他最後等來的，只有使用巫術後所有不舒適的後遺症，以及格雷勒令他回宅邸休養，別在這裡礙事的指令。

威廉想去幫忙萊特和柯羅，同時把事情說清楚，格雷卻不允許。

「你昨天搞砸了一切，他們現在八成也不想見你。」格雷是這麼說的。確實，從昨天柯羅的態度來看，如果威廉出現了，他大概會憤怒地把人轟出黑萊塔。

威廉卻沒有聽話地回家。

在身體狀況欠佳的情況下，他依然待在黑萊塔內，獨自忍受這那些使用完巫術的後遺症，然後等待著。不知道情況的威廉僥倖地以為，只要這樣他就可以等來萊特的關切，等來柯羅的原諒。

至少萊特一定會來的，萊特是真正在乎自己的人。他心想。

可是時間一分一秒過去，此刻黑萊塔內所有的人似乎都聚在一起處理問題，只有他孤身一人，待在靜謐得連根針掉在地板上都能聽見的辦公室內。

一旦周圍安靜無聲，肚子裡的那些聲音又會跑出來，惡意地呢喃著：

——沒有人會來，因為沒有人愛你，沒有人需要你。

——連金髮小教士都不需要你了。

威廉明知這又是使魔無聊的惡作劇，卻仍忍不住猜想，萊特是不是真的對自己失望透頂了？還記得當他說出關於柯羅掉回地獄的真相時，萊特那張失望的臉孔……

威廉深吸了口氣，獨自一人的辦公室忽然變得很難繼續待下去。

也許就這樣了吧。

柯羅一輩子也不會原諒他，而萊特對他失望透頂，不會再對自己好，也不會再關心自己。

威廉難受地喘息起來，位於地下室的辦公室讓他快窒息了。

——習慣吧，你又要自己一個人了。

——不會再有人理你，也不會有人愛你。

「閉嘴！」威廉喊道，他捶打著桌面不停喊道，「閉嘴！閉嘴！閉嘴！」

沒辦法繼續等待下去了，他需要透透氣。發現自己不知道什麼時候已經淚流滿面的威廉起身，抓過了斗篷大衣就一路往黑萊塔外面走去。

砰！

當威廉穿戴上斗篷大衣準備離開黑萊塔之際，黑萊塔內傳出了槍響。

威廉只是回頭看了一眼，看著被槍聲嚇得紛飛的烏鴉，他猶豫再三，最後還是獨自一人離開了黑萊塔。

他已經無暇關心黑萊塔內發生的事了。

柯羅的胸口很痛，他呼吸不過來，眼前一片黑暗。他的四肢逐漸麻木，身體異常冰冷。

這就是死亡的感覺嗎？

嘖，不是提醒你們過了嗎？

一個聲音出現在柯羅耳邊，那是賽勒的聲音。柯羅在心裡翻了個白眼，他可不希望自己死前最後聽到的是臭蠍子那狂妄輕蔑的聲音。

慢著！你要做什麼？

竟然還有絲蘭的聲音？

住手！男巫！

然後是卡麥兒……柯羅意識昏沉地想著，為什麼這些雜七雜八的人會在他的腦海裡大吼大叫著。

萊特去了哪裡？榭汀又去了哪裡？

柯羅的意識越來越模糊，原本漂浮在湖裡的身體卻越來越重，他耳邊嘈雜的呼喊聲也變得更加清晰。

柯羅勉強撐開沉重的眼皮，恍惚中他只看見了燭光在黑暗中搖曳，賽勒蹲在他身邊，一手緊緊按著他的胸口，一手裡緊握著一根針就要往他胸口刺。

一記槍聲響起，子彈劃破了賽勒的手臂。

「第一次是警告！」卡麥兒的聲音在遠處響起，「你敢動柯羅，下一次我就會打在你頭上！」

柯羅從沒聽過那位嬌俏的女教士用如此嚴厲的聲音說話。

「我勸你最好阻止你的教士，絲蘭。再不讓我繼續我的工作，你就等著拿我們所有人的屍體去交差。」賽勒的聲音相當冷漠，絲毫不受威脅。

「我們憑什麼相信你？」絲蘭問。

「你們只能相信我，別無選擇。」

柯羅意識迷糊地聽到這裡，鼻子和嘴巴開始湧出溫熱的液體，他原本以為那些是被他吞進去的湖水，但味道卻帶有強烈的鐵鏽味。

「要不要讓我救他們，你們自己決定。」賽勒又說，他自己的鼻間竟然也流下了一條血痕。

絲蘭和卡麥兒沒了動靜，於是賽勒再次看向柯羅，他高高揚起手臂，將手上的針刺進了柯羅胸口。

柯羅瞪大眼看著賽勒，他伸手緊緊抓住賽勒捶在他胸口上的手，感覺心臟被某種尖銳的疼痛扎得發疼。

「快滾回去夢裡，蠢烏鴉！」賽勒對著柯羅說道，他一拳將金色的針全數捶入了柯羅的胸口中。

柯羅痛苦地呻吟了一聲後，癱軟在地，再次閉上了眼。

停止的心跳聲恢復了跳動，柯羅從虛無縹緲的黑暗中逐漸恢復意識。

等柯羅再次睜眼時，身上的麻木感已經逐漸褪去，知覺恢復的他倒抽了一大口氣，像被電到似地整個人彈坐起身。他慌張地四處搜著身體，身上的衣服既沒有因浸飽湖水而濕潤，胸口也沒插著一根長針。

「怎麼回事？」柯羅喃喃道。

「怎麼回事？你還有臉問？」

柯羅抬頭，賽勒正坐在他面前，一臉不悅。

他們又回到了那個滿是窗戶的小房間裡，其中一扇窗開著沒有關上，裡頭不斷傳來孩子們的嘻笑聲和戲水聲。

「我應該警告過你很多次了——不要被殺。」賽勒不高興地用手指敲打著椅子的扶手。

「我沒死？」

「對，你沒死，因為我把你救了回來。」賽勒抹了把鼻間。

現實中的賽勒也正在做這個動作，將淌流而下的鼻血給擦掉，絲蘭和卡麥兒在一旁觀望著。

雖然臉上都是鮮血，但躺在地上的柯羅已經逐漸恢復了平穩的呼吸。

絲蘭讓卡麥兒移開了獵槍，賽勒則是冷冷地看了他們一眼，繼續在入夢的儀式之中走動。

丹鹿腦海裡的賽勒和柯羅仍繼續對話著。

「雖然是在別人的記憶裡被殺，但不代表不會影響到你的精神和身體。」

賽勒對柯羅說，「如果不是由我坐鎮，你老早就丟了這條小命。」

「朱諾那個天殺的王八蛋拿針刺我！」柯羅一臉憤怒地吼道。

「我知道，我看到了。」賽勒翻了個白眼，「你這個白痴為什麼讓他有機可趁？」

「什麼有機可趁？那傢伙把萊特淹——」

「哇，你們這群被教廷養大的黑萊塔男巫真是蠢得超乎我的想像。」賽勒搖頭，一臉不可置信的模樣，隨後又喃喃自語道，「必須小心讓你們這些蠢蛋不死，只向榭汀要求進行分靈手術的我真是虧大了……應該讓他再額外附贈我些什麼好處的。」

賽勒深吸了口氣，又說：「你的教士沒事，他的身體在現實中在你身邊躺得好好的，而精神也正在紅髮教士的記憶裡活蹦亂跳——」

事實上，萊特很幸運，他還是他們幾個人中，唯一一個不斷跑到丹鹿記憶裡最輕鬆的幾個地方去的人，也是唯一能闖進被丹鹿鎖起來的白日夢裡的人。

見到這種狀況時，賽勒也相當訝異，他不知道金髮教士怎麼能如此輕易地就溜進一個被鎖起來的白日夢裡。

只不過在他還沒來得及釐清狀況前，柯羅就出事了。

「紅髮教士裡的回憶就只是回憶，對他們本人不會有影響。萬一殺死回憶裡的這些人，他們也只是從紅髮教士的那段記憶裡消失，僅此而已。」賽勒說。

「我知道，我只是——」

「只是什麼？別告訴我就算知道這件事，你還是看不過去朱諾那些無傷大雅的惡作劇。」賽勒瞇起眼，「你對那個教士未免太執著了，都有點瘋狂了……你們黑萊塔的男巫都是這樣？」

賽勒想起了榭汀也是如此。他認為這種男巫和教士間的這種羈絆太病態了，像家貓和家犬一樣被教士們牽住的男巫，簡直是種恥辱。

雖然他們針蠍也曾是黑萊塔的男巫……

「閉嘴，我不想聽你說這些。」柯羅拍拍屁股從地上站起，他的身體……

應該說是精神體感覺已經恢復正常了，「現在要怎麼辦？」

「你進去的那個回憶我幫你留住了，你必須再進去一次。」賽勒站起身來，他再次從身後拿出了一根黑色的針，遞給柯羅，「別再讓這根針扎進你心臟裡了，再被朱諾殺一次，我不僅完全救不了你，我也會受到影響。連帶的，很可能另外兩個傢伙都保不住。」

柯羅收下了那根黑色的針。

「不，我這次一定會狠狠把針刺進朱諾的心臟裡。」

「最好說到做到。」

賽勒不以為然地哼了聲，不顧柯羅的意願，一把從後方拎起他的領子，抓小雞一樣地把人抓向那扇被打開的窗。

「喂，你──」

「朱諾是個很狡猾的傢伙，這次千萬小心。」賽勒提醒掙扎著的柯羅，「記住，記憶中的其他人物不重要，你只需要注意你自己和紅髮教士的生命安全，至於朱諾，務必斬草除根！」

「等等，不許你再推我……」

賽勒沒給柯羅回應的機會，他直接把柯羅丟出了窗戶。

不能推，總能用丟的吧？

榭汀以為自己跟丹鹿認識不久，但回顧他們相處的這些日子，其實也經歷了不少。

「不要掙扎，越掙扎你越難受。」榭汀跨坐在倒地的朱諾身上，雙手用力擰緊了他的脖子。

「不——」朱諾的雙頰漲紅，眼裡逐漸失去了生息。

看見朱諾如此難受，榭汀又低下頭來對他說道：「如果你想難受點也無所謂。」

男巫們在榭汀的辦公室的那座通天大樹下纏鬥在一起，旁邊站著一個毫無靈魂的約書，他就站在那裡靜靜地看著兩人搏鬥。

辦公室裡的藥櫃被撞翻，辦公桌倒了一地，榭汀為了殺死這個記憶裡的朱諾費了一番不小的功夫。

「這是個很重要的回憶，不該是你覺得好玩就能隨便竄改的東西。」榭汀說。

「有……差嗎？」朱諾卻笑了起來，「你……自己……最後還不是會不在乎。」

「閉嘴！」

完全不管男巫間疾風暴雨的搏鬥，一旁的約書忽然自顧自地講起話來：「呃，抱歉你的教士遲到了，半小時前我就應該帶他們到這裡了，但也不知道為什麼黑萊塔就這麼點大，這些菜鳥教士還能跟我走散。」

在約書的這些話說完後，辦公室裡的大樹上開始發出聲響，約莫再過一、兩分鐘後，丹鹿和萊特會從那棵樹上走下來。

這是丹鹿和榭汀第一次見面的場景。

榭汀還記得當蘿絲瑪麗告訴他，督導教士的抽籤結果很有意思時，他就一直對自己的新任教士充滿了好奇心。

最後的結果確實令人滿意，他得到了一隻嘴巴很硬、但是性格善良的紅毛小老鼠。

「所以……你弄丟了我的教士嗎？」

「準確來說，是弄丟了你和柯羅的教士。」

這是榭汀和約書接下來的對話，而不該是朱諾和約書的對話。

回憶結束，榭汀放開了癱軟的朱諾，從袖子裡拿出黑色的長針，用力刺進了朱諾的胸口中。

「接下來我會一個一個把你們清除乾淨，讓你們把我的督導教士完完整整地還來。」

丹鹿做惡夢了。

——回來、回來、回來，小寵物，誰在叫你回來？

每當他聽到搖鈴聲，以及朱諾的呼喊聲，丹鹿就知道自己又做惡夢了。

——回來、回來、回來，小寵物，主人叫你回來。

丹鹿看著眼前那扇被打開的門，排斥地想轉身離開，但即使他轉身，面對的還是一扇又一扇的門。他深知無論自己進了哪一扇門，最後還是會走進同樣的死胡同內——朱諾為他特製的酒吧牢籠。

果然，當丹鹿進門後，朱諾站在吧檯之後瞪著他。

「坐下來，小寵物。」

總是這樣，朱諾會對他下達命令，逼他和他玩遊戲。

丹鹿退後想從大門走出去，但他知道自己走出去後，還是會折回這個惡夢裡，所以他也只能乖乖坐下。

朱諾笑咪咪地靠在吧檯前望著他，「今天想玩什麼呢？」

「我什麼都不想玩，我只希望這場惡夢趕快結束。」丹鹿焦慮不已地看著朱諾。他忍不住幻想著此刻的自己正躲在一個周圍都只有牆的房間裡，不受任何人打擾，安全無虞。

「怎麼能這麼說呢？和我在一起不好玩嗎？」朱諾故意問。

「當然不好玩了，不然你希望我回答什麼？」丹鹿很不滿，「反正和你玩遊戲永遠都只會輸，輸了又要接受懲罰，你幹嘛不乾脆直接折磨我就好了？」

朱諾不理會丹鹿的抱怨，拿出了一副撲克牌：「二十一點好嗎？」

「這次又是什麼了？在我輸了之後把我變成老鼠讓我跑滾輪？還是又要發火熔掉我的臉？或是……」

朱諾的手指一捏，丹鹿的嘴就被封住了。

「我發牌，要停的時候舉手。」朱諾洗著撲克牌，並優雅地發起牌來。

丹鹿忙著扒開嘴巴，沒有時間喊停，而朱諾才替他發了三張牌就說：「很遺憾的，爆了。」

丹鹿還在嗚嗚哼哼著，他驚恐地看著朱諾，早知道就不要一時嘴快跟對方說這麼多了。

「至於我的牌呢……二十一點！」朱諾發著牌，毫不費力地為自己獲得了勝利。

作弊！這一定是作弊！被黏住嘴的丹鹿嗚嗚嗚地叫著。

但朱諾完全不搭理他，只是嘻笑著道：「讓我想想……這次要做什麼樣的懲罰比較有趣呢？」

不不不不！不要又來了！

丹鹿滿臉鐵青，從高腳椅上跳下，急忙想往門外跑，但一條蠍尾般的繩子卻勾住了他的腳，把他頭下腳上地倒吊起來。

「明知跑不掉，為什麼還要跑呢？」朱諾好整以暇地靠在吧檯邊看著丹鹿。

丹鹿掙扎晃動，但怎麼樣也攻擊不到站在旁邊的朱諾，於是他只好開始向惡夢的大門外求助。

「你想跟誰求助？貓咪老奶奶？」朱諾呼嚕呼嚕地學著貓叫。

丹鹿撇了撇嘴，倒吊讓他腦充血，眼眶裡聚滿水氣。

「省點力氣吧，寵物。這裡是我的地盤，這次我把大門牢牢栓死了，老奶奶是絕對進不來的。」朱諾走向丹鹿，刻意推起了他倒吊著的軀體，讓丹鹿像個鐘擺一樣不斷晃動，「以後這個美夢裡就只有你和我，誰都沒有辦法闖進來打擾我們……」

朱諾話還沒說完，像是在打臉他的話，大門砰地一聲被推了開來。金髮的教士匆匆忙忙地從他們身邊衝過，直到發現他們的存在。

看到丹鹿和朱諾兩人都一臉莫名奇妙地看著他，萊特大罵了一聲在教廷裡是絕對禁止的髒話。

金髮教士、丹鹿和朱諾呆愣在原地好幾秒的時間。

「天啊！神聖大女巫啊！為什麼這次又被鹿學長發現了？」萊特一臉慌張地四處張望，不斷喃喃自語道，「這次是記憶還是夢？是記憶還是夢？」

「教士，你是怎麼進來這裡的？」朱諾不悅地看向闖進來的萊特。

「就——」萊特聳了聳肩，不知該從何解釋。

丹鹿像條被蜘蛛絲纏住的毛毛蟲，他不停搖擺晃動，想向萊特求救。

萊特看著被空中無形的繩子纏住的丹鹿，站在一旁的朱諾還有這個到處長滿奇形怪狀的門的詭異酒吧，他用自己過人的推理技巧得出了結論：「鹿學長的頭還沒爆，這裡應該是夢境！」

「臭教士！我在問你話！」

「太好了，是夢啊，真是的，嚇了我一大跳。」萊特自顧自地說著，他安心地拍拍胸膛。

「教士！」朱諾更火大了。

丹鹿驚恐地瞪著朱諾，惡夢裡的朱諾發起火來非常可怕，因為他是真的會「發火」。

「嗚嗚嗚嗚嗚！」丹鹿想提醒萊特事情的嚴重性，對方卻一副呆頭呆腦的模樣。

「我只是踹開門就進來啦，你門又沒鎖！」萊特還把事情怪朱諾身上。

「我明明就……算了！」朱諾冷冷地瞪著萊特，他問，「是蘿絲瑪麗和樹汀他們動了什麼手腳讓你進來的？還是……你們聯絡了我的兄弟？」

酒吧的燈光一下子冷冽下來，氣氛變得緊繃而陰沉。

「看來這裡就是鹿學長說過的惡夢啊……」萊特邊點頭邊說。

「回答我的話，教士。」

「是誰讓我進來的，這很重要嗎？」萊特沒有回答朱諾的問題，他深吸一口氣，用嚴肅的語氣說道，「重要的應該是，我是代替月亮進來拯救鹿學長的正義使者！」

萊特連姿勢都擺好了。

看到眼前畫面，丹鹿想一拳尻在正義使者的腦袋上。

他無法理解，按照萊特的腦迴路構造，這傢伙到底是怎麼成為全學年第一，還有女孩們夢想中的校草的？

朱諾冷漠地看著閃閃發亮的萊特，出乎意料的，他並沒有發火，而是對著萊特笑了。

「正義使者是不是？那我們來玩個遊戲如何？」

不！不准碰萊特！丹鹿瞪著朱諾，擺盪著身體想警告對方，朱諾卻推了他一把，讓他盪得遠遠的。

「什麼遊戲？」萊特問。

「你想救出我的寵物是不是？」

萊特點點頭。

「這樣吧，我們來玩猜杯子遊戲，你贏了，我就讓你帶走我的寵物；相反的，我贏了，你就要留下來，一起當我的寵物。」朱諾笑咧了一排白牙，他抓住盪回來的丹鹿。

「嗚嗯嗚！嗚嗚嗯嗚嗚嗯嗯嗚嗚嗯嗚！嗯嗯嗯嗯！」丹鹿努力想喊著什

麼，卻完全不成字句。

丹鹿想提醒萊特，在他的惡夢裡，朱諾玩遊戲是不會輸的！不能答應啊！萊特，快跑！跑得越遠越好！丹鹿不停對萊特使著眼色，他知道憑他們從小到大的默契，萊特一定能了解他的意思。

萊特也衝著丹鹿點了點頭，然後對朱諾說：「好啊，我們來玩遊戲。」

這個笨蛋啊啊啊啊！大腦的營養都被那頭漂亮的秀髮吸光了嗎！丹鹿心灰意冷，他已經開始想像起自己和萊特一起成為朱諾寵物的未來了。

「很好。」朱諾笑得更厲害了，他緩緩走到吧檯之後，拿出了三個杯子放在桌上，「別怪我沒警告你，針蠍家的人玩遊戲是不會輸的。」

萊特點點頭，他在朱諾對面的高腳椅上坐下來，也笑得很有自信，「那麼也別怪我沒警告你，我可是個超級幸運的人喔。」

「那麼，我們就來試試誰比較幸運吧。」

朱諾敲了敲桌子。

CHAPTER 9

身世

回憶裡，丹鹿老家的湖畔旁——

朱諾正悠閒地躺在小萊特的游泳圈上，在溫暖的太陽底下隨著湖面波浪輕輕漂浮。他一邊吃著冰棒，一邊用腳划著冰涼的湖水，看上去非常愜意。

「朱諾！萊特呢？」小丹鹿在岸邊急得不得了。

「你也下來游泳啊，寵物。」朱諾沒有回應小丹鹿，只是朝著他潑水。

「不要鬧了！你不是答應過我要顧好萊特嗎？」

「我有嗎？我怎麼不記得了？」朱諾裝傻，顧不得快急哭的小丹鹿，他正在吃著那根本來屬於萊特的冰棒。

「他到底在哪裡？」

「可能在湖底了吧。」

「不要開這種不好笑的玩笑！」

朱諾笑個不停，因為小萊特是真的被他扔到了湖底。小丹鹿如果知道他的好朋友現在正在湖底，被泥沙淹沒起來，現實外頭的本人大概會直接精神崩潰。

雖然讓丹鹿精神崩潰一次應該也滿好玩的，但朱諾還不打算這麼做。

「他大概跑回去樹屋裡玩了吧？不用管他，他等一下就會出現了。」朱諾思索著晚點要把沉在湖底的小萊特挖出來，還是乾脆把他留在那裡不管了。

反正只要時間一長，這段記憶裡的小丹鹿就會逐漸忘記小萊特的存在。到時候，這個炎熱的夏日午後，湖邊將會只剩下小丹鹿和朱諾的存在。

漂浮著的朱諾心想，或許這樣也不錯。

「真的是這樣嗎？」小丹鹿看起來有點猶豫。

「真的，快下來游泳，寵物！」朱諾要不高興了，他向來不允許寵物違抗他的命令。

然而小丹鹿囁嚅了兩下，就算知道朱諾不高興可能會有很恐怖的後果，他還是決定回頭去找萊特。

「不找到萊特之前我不想玩！」小丹鹿說完，轉頭就想去找萊特。

「丹鹿！」朱諾吼出了丹鹿的名字。

小丹鹿頓了一下，轉過頭再次強調：「我必須先去找萊特……」

朱諾陰沉地皺著眉頭，寵物把外人看得比主人重要是絕不能容忍的事。

「如果你真的想找他，我就告訴你在哪裡吧。」朱諾勾勾手指頭要小丹鹿靠近。雖然他本來並不想讓丹鹿經歷精神崩潰的，但小丹鹿的態度實在惹惱了他。

「他在哪裡？」小丹鹿問。

「你靠近點，我帶你去看。」朱諾微笑，引誘著小丹鹿靠近。

就在小丹鹿逐漸走向朱諾之際，有人從後方喊住了小丹鹿。

「鹿學長，我在這裡！你們在做什麼？」

小丹鹿和朱諾同時看向他們的身後，小萊特渾身濕漉漉地站在小丹鹿背後，他歪著腦袋，一臉不解地看著兩人。

「怎麼可能……」朱諾轉頭往湖中看。

湖面波光粼粼，看不進湖底，但小萊特本來應該要在湖底的，他究竟什麼時候上了岸？

「萊特，你跑去哪裡了！」小丹鹿鬆了一大口氣。

「我也記不太清楚，好像是被丟進了湖裡，然後……應該是我自己爬上岸了吧！」小萊特撓了撓腦袋，一副自己也說不清楚的模樣。

「什麼叫應該是？你是笨蛋嗎！」小丹鹿嘆息著，整個人才放鬆下來。

反倒是朱諾，他警覺性地緊繃起身子，眼神冷冽地觀察四周。小萊特明明只是個記憶而已，不可能自己爬上岸的，除非有人動了手腳。

難不成是柯羅那傢伙撿回一命，又跑回來了？還趁他忙著應付丹鹿時，偷偷把湖底的小萊特撈上岸……

朱諾在心底不斷猜測著，他環視樹林，樹林裡的每個陰影處都像藏了個人似的，讓他更加警戒。

不會錯的，一定是柯羅回來了，正藏在樹林裡伺機而動！

「朱諾，你怎麼可以把萊特丟進湖裡？我說過他還不會游泳，不能這麼快下水！」放鬆下來的小丹鹿氣急敗壞地在岸上對朱諾吼著，「出事了怎麼辦？」

「我又不在乎。」朱諾回嘴，他現在沒心思應付小孩子的胡鬧。

「你怎麼可以不在乎！快向萊特道歉！」

朱諾沒有搭理小丹鹿，逕自上了岸，並疑神疑鬼地觀望著樹林裡的每一個動靜，樹上飛的和地上爬的，都有可能是柯羅。

柯羅甚至能化身為影子躲在他們身後。

朱諾看著腳下的影子，一切看起來很正常，沒什麼特別。

「朱諾，快向萊特道歉，不然我們以後就不要一起玩了！」小丹鹿站在小萊特前面扠著腰，小萊特則是像隻被踢到的小狗一樣躲在後面。

這對朋友的感情緊密得像親兄弟一樣……或許就連親兄弟也無法像他們一樣吧？朱諾看了很不順眼，他想把小萊特再扔進湖裡一次。

不過，柯羅還在陰影處伺機而動，他無法分神去處理兩個小朋友。

「好好好，對不起，這樣行了吧？」朱諾擰乾自己的頭髮，敷衍地道歉。

「朱諾——」

眼看小丹鹿又要發難，小萊特拉了拉對方的手臂然後搖搖頭，表示不願再追究。

小丹鹿嘆了口氣，他看向朱諾：「下不為例喔！」

朱諾挑眉不說話，他發現幾隻烏鴉正群聚在樹上，低頭看著他們。他冷哼一聲，小丹鹿在場的時候，柯羅八成也找不到機會對他動手。

「我們回家去吧，差不多要準備吃晚餐了。」小丹鹿對著小萊特說，小萊特點點頭，眼神亮晶晶的。

朱諾沒說話，他一路跟在兩個小孩身後，烏鴉們也一路尾隨，彷彿正在等待朱諾落單。

朱諾當然不會給柯羅這個機會。

他讓蠍子們尾隨在後，爬進樹林的每個陰影裡，或爬上樹木，驅趕每個可能是柯羅藏身之處的地方。

在小丹鹿和小萊特沒注意到的後方，烏鴉和蠍子們正在互相攻擊，而朱諾還在猜測柯羅可能躲藏的地方。

臭烏鴉比起想像中還來得狡猾，遲遲找不到柯羅的蹤影的朱諾心想。他的蠍子們雖然毒辣，柯羅的烏鴉卻和他們主人一樣狡詐。

幾隻烏鴉打起團體戰，叼著朱諾的蠍子就甩到空中去啄食，一旦要被蠍子們圍攻了，就毫不知恥地逃跑，再嘲笑似地發出嘎嘎嘎的聲音。

朱諾看著天上那群烏鴉，他猜想著柯羅是裡面的哪一隻。

找不到柯羅的朱諾有了種自己成了待宰獵物的錯覺。這樣下去不行，比起當獵物，自己更擅於當獵人——他必須盡快引誘柯羅從暗處現身。

問題是，要怎麼引他出來？

朱諾環視周圍，最後將視線定格在前方的小萊特身上。答案顯而易見，引誘柯羅最大的誘餌……早就在自己面前了。

烏鴉最喜歡亮晶晶的東西了不是嗎？而且甘心為了他一次又一次地掉進陷阱裡。

朱諾看著小萊特亮晶晶的後腦勺，笑咧了嘴。

「等等，我把玩具留在了樹屋忘了拿。」在他們快回到丹鹿家前，朱諾喊道。

「蛤，你怎麼這麼健忘啊？」小丹鹿一臉困擾地轉過頭。而且剛剛朱諾有和他們在樹屋裡玩嗎？

「鹿鹿去幫我拿回玩具。」朱諾命令道。

「什麼玩具？」小丹鹿一副覺得很麻煩很麻煩的模樣。

「一隻玩具老鼠。」朱諾笑瞇了眼。

「你為什麼會喜歡玩那種東西啊？」

「我就是喜歡，快點去幫我拿！」

「可是……」

「你不幫我忙，我就跟你爸媽告狀你今天弄丟了萊特！」

聞言，小丹鹿垮下了臉，他看向不遠處的樹屋，又看向朱諾和傻傻站在門口的萊特……

都到家門口了，應該不會再出問題了吧？迫於無奈，小丹鹿最後只能順從了朱諾的脅迫。

「好吧，我去拿，但進家門後你就不可以再欺負萊特了！」小丹鹿警告朱諾。

朱諾微笑著沒有應聲，目送小丹鹿飛奔向樹屋去尋找那個不存在的老鼠玩具。

待小丹鹿的身影逐漸消失在樹林裡，朱諾立刻轉頭看向那個傻站在一邊的小萊特。

「我們走！」朱諾一把拎起小萊特的後頸，不讓他有進家門的機會，而是直接將他往反方向的樹林裡帶。

小萊特就像個傀儡娃娃一樣被朱諾挾持著，朱諾走進烏鴉密布的樹林內大喊著：「臭烏鴉！快滾出來！不然你就等著看我把你心愛的小教士淹死之後，再用別的方式折磨死！」

林內的烏鴉們嘎嘎嘎地叫著，彷佛正集體發出憤怒的叫喊。

「快出來啊，柯羅，你還在等什麼？」朱諾環視烏鴉群，幾隻烏鴉撲騰著翅膀，一副蓄勢待發的模樣。

朱諾的蠍子們也躁動不已，牠們四散開來，準備攻擊烏鴉們。

其中一隻羽毛豐潤的巨大黑色烏鴉就站在朱諾前方的樹上，牠張開了翅膀，陰影幾乎遮蓋整個烈陽。

「柯羅，有種就下來！不要裝成烏鴉躲在樹上！」朱諾將小萊特丟在地上，對著烏鴉說，「再不下來，我會在你面前用火焚燒教士，用針穿刺教士，用毒讓他痛苦不堪！」

朱諾的話似乎惹惱了大烏鴉，牠嘎嘎幾聲尖叫後，俯衝而下，朱諾的蠍子們也一湧而上。

知道自己接近不了朱諾後，大烏鴉退了開來，迴旋低空飛過樹林。密密麻麻的蠍子們全數追了過去，而大烏鴉則是不斷以低空的姿態盤旋在樹林，曲曲折折地一路往反方向繞開。

朱諾皺眉，總覺得好像有什麼不對勁……在他的蠍子們被越帶越遠後，他忽然想起了一件事。

在小萊特出現並且喊住丹鹿時，小萊特叫了聲「鹿學長」。

問題是，這個時間點的丹鹿和萊特還是孩子，怎麼會有學長和學弟的稱呼存在？

朱諾看著倒在地上一臉無辜的小萊特，一記響亮的嘖舌聲後，金髮男孩變成了黑衣黑髮的男巫。

丹鹿記憶中真正的小萊特其實一直都還在湖裡，柯羅並沒有去救他，而是利用這點來耍弄他。

「該死的臭烏鴉！」朱諾立刻往後退去，但柯羅實在讓他措手不及。

黑髮男巫手裡握著黑色針刺，他眼裡的殺意讓朱諾想起了某人。

柯羅的動作又狠又明確，他猛地將針刺刺進朱諾的胸膛中，朱諾痛得軟倒在地。

很可惜的，針刺稍微偏了幾公分，並沒有立刻致命；但柯羅的反應相當快，他拔出針刺，隨即又想往朱諾心口上再補一針。

「消失吧！臭蠍子！」柯羅吼道。他抬手正準備一針結束朱諾在丹鹿記憶中的存在，朱諾懷裡卻冒出了一隻巨大的紅蠍子，朝著他直撲而來。

眼看著蠍子撅起尾部的毒刺就要扎上來，柯羅不得已退了幾步，先一步用手上的黑針刺穿蠍子的腹部。

蠍子摔落在地的同時，原本倒在地上的朱諾卻也趁機逃跑，他一路跑向丹鹿的老家。

「站住！你這王八蛋！」柯羅緊握著黑針追上那個拖著虛弱身體逃跑的朱諾。

在朱諾打開了丹鹿家的後門，並準備將門關上，逃到另一個記憶前，柯羅的影子先一步延伸出去，擋住了門。

柯羅則是在最後關頭衝上前，一腳踹開了大門。

「這次你絕對逃不了，這是你動了萊特的代價！」

兩個男巫在丹鹿的記憶交錯間扭打成一團，最後一路摔進某人的書房裡。

柯羅將朱諾壓在木地板上，顧不得他們身在何處，按照賽勒先前的指示，壓住朱諾的胸口，這次終於將黑色的長針送進朱諾的心臟中。

朱諾發出了痛苦的哀號，黑色液體從他的眼耳口鼻淌流而出，他整個人在柯羅身下逐漸萎縮變形，最後碎成小小的黑色碎屑。

柯羅喘息著，他看向地上的黑色碎屑，好不容易才鬆懈下來，疲憊地癱坐在地。

清除一個朱諾比想像中更費功夫，柯羅這次真的差點被朱諾害死了。

「希望榭汀和萊特那邊已經整死你了……」柯羅一邊喃喃自語一邊將剩下的朱諾碎屑收進玻璃瓶裡。

等到完成了任務，柯羅站起身，打算回去把湖底的小萊特撈起來。只是還沒走到門口，柯羅便想起自己就算開了一扇新的門窗，也很難回到同一個記憶裡。

那個沉在湖底的小萊特，柯羅最終還是錯過了。

雖然這對丹鹿的記憶沒有太大影響，對於現實的萊特也不會有任何傷害，但想起獨自一人沉在湖底的小萊特，柯羅還是覺得很不是滋味——他發現自己無法忍受讓萊特獨自一人沉在湖底，即使只是記憶中的萊特也不行。

柯羅頹喪地站在原地，但很快的，門口忽然傳來了腳步聲，丹鹿的記憶僅僅給了他幾秒鐘沉澱情緒而已。

頓時想起自己還在丹鹿記憶中，必須要遵守原則的柯羅手忙腳亂地開始找地方躲藏，最後他看見了排列在書架上的動物玩具。

姑且一試吧，不然他就要把自己變成可能會死在任何人腳下的蟑螂了……

在門外的人進房之際，柯羅一聲咋舌，將自己變成了那堆動物玩偶中的烏鴉玩偶。

事實證明，賽勒的蠍子是很有用的。

柯羅擠在毛茸茸的玩偶堆裡，屏息著等待外面的人進來。

毫不意外的，進來的人是丹鹿，只不過是年紀非常小的丹鹿。

那個大概都還不太會說話的丹鹿一路搖搖晃晃地走進來，直奔和其他玩偶一樣待在書架上的柯羅。

不！不要過來！柯羅心想。

偏偏丹鹿筆直朝他走來，並用他沾滿口水和奶粉的手指開始翻找起玩具。

丹鹿最後拿起了一隻獅子玩偶和柯羅，幾番「深入思索」後，他選擇了柯羅當他今天的新朋友。

柯羅在內心大翻白眼，這下倒好，他要被困在丹鹿和他的尿布堆裡了。

這時，又有人從外頭走了進來。

「你怎麼在這裡？」有個紅髮男人走來將丹鹿抱起，連同玩具柯羅一起。

柯羅看了眼紅髮男人，自己不久前才看過他，就在湖畔小屋的時候。

這時的男人比他之前看到的還要再年輕點。

柯羅不動聲色地躺在丹鹿懷裡，臭小孩在他爸爸懷裡咯咯笑著，一邊還啃起了柯羅的臉。

嗯……

柯羅被丹鹿啃得差點變回了原型，但他強迫自己忍耐下來，因為這時又有另一個人走進了書房。

柯羅看著走進來的男人，男人有頭金髮，年紀看起來很大了，眉宇間和某人非常相似。

男人穿著一身白袍，袍上繡著金色的雄偉獅頭，左胸上還有十字架的圖騰——那並不是一般階級的教士可以穿的白袍，而是身為大主教才能穿的。

柯羅仔細注視著對方的臉。

「小丹鹿都長這麼大啦？」年長男人笑起來時一雙藍眼睛亮亮的，看起來和某人更像了。

應該沒錯了，這位是萊特的爺爺，曾經的獅派大主教——哈洛．蕭伍德。

「抱歉，主教，鹿鹿有時候會跑進我的書房玩娃娃，我叫潔思敏帶他出去。」

「不用了，海爾，讓他在這裡玩娃娃吧。」哈洛是個很溫柔的老爺爺，柯羅在他身上看到了萊特的影子。

「好吧，主教願意讓你在這裡玩，你要乖喔。」丹鹿的父親逗著他，把他和柯羅隨意地放在了自己的辦公椅上，自己則站在辦公桌前繼續和哈洛．蕭伍德進行對談。

丹鹿繼續吸著柯羅的腦袋，柯羅卻無暇顧及噁心，只是好奇地偷偷觀察著眼前的一切。

「讓我們把門關上好好談吧！」哈洛．蕭伍德和藹的臉孔瞬間變得嚴肅起來。

「主教，您這樣弄得我好緊張，我們到底要談什麼？」丹鹿的爸爸一邊將書房的門帶上，一邊問。

哈洛．蕭伍德看起來有點猶豫，似乎在考慮著要不要談他接下來要說的事。

海爾．瓦倫汀，丹鹿的爸爸則是非常有耐心地在一旁等著。

「海爾，你和露德以及昆廷的私交甚篤，一直都是我們蕭伍德家忠心的好朋友，所以我能信任你的，對不對？」哈洛像是在給自己打強心針。

露德和昆廷又是誰？柯羅心想。

「當然。」海爾肯定地點了點頭，他那種堅定的表情柯羅也在丹鹿臉上看過，父子倆簡直同一個模子刻出來的，「我和露德、昆廷都認識好幾年了，我們瓦倫汀家是很講求忠誠和信用的，絕不可能背叛朋友。」

「那麼，我有件事想請你幫忙。」

「當然，儘管說。」

「但在你幫忙之前，關於這件事的相關事情請你務必保密。」

海爾皺起眉頭，但他隨後點點頭道：「我會的。」

哈洛又沉默好一會兒，才開口道：「我的孫子最近出生了……」

這本該不是件大事，但柯羅看到海爾露出驚訝的神情。

「孫子？露德的嗎？但我以為露德的妻子無法生育……」

哈洛沒有答話，海爾則是頓了頓，又問：「還是……是昆廷的？但昆廷並沒有娶妻不是嗎？他們兩個都沒有和我提過有孩子出生這件事。」

海爾看起來一臉困惑，哈洛則是久久不語。小丹鹿不懂大人的世界，吸完了柯羅的腦袋後，他開始吸柯羅的腳丫子。

「這件事目前沒有人知道，只有我、露德和昆廷知道。」哈洛看著海爾，

「現在你是唯一知道這件事的外人了。」

海爾看著哈洛的臉久久不語，好半天後他才深吸了口氣，然後鼓足了勇氣似地問道：「如果這麼保密，那通常表示有什麼敏感的地方在——」

哈洛點了點頭，只能苦笑。

「孩子的母親是誰？」海爾問。

「你很敏銳，海爾，孩子的母親的身分確實很敏感。正是因為太敏感了，這件事我不能告訴你。」

「敏感到他們和我認識了這麼久，卻從沒和我提過任何一點相關的訊息？除非是和教廷的禁忌有關——」海爾一副恍然大悟的模樣，「難道孩子的母親的身分是——」

是什麼？柯羅想知道答案。

海爾卻沒有把話問完，哈洛則是依然沉默，這樣的態度似乎代表丹鹿的爸爸確實說中了什麼。

「究竟是露德還是昆廷的孩子？」海爾又問了一次。

「昆廷的孩子。」哈洛說。

海爾臉色一沉，這答案似乎驗證了他的想法。

哈洛則繼續說：「但現在已經是露德的孩子了。以後露德的妻子也不再是不能生育的身分，未來我們必須口徑一致，露德和妻子生了一個孩子，而昆廷並沒有孩子。」

大主教像是在和丹鹿的爸串供似的，他們神情嚴肅地討論著那個孩子。

「露德和他的妻子都不介意這件事？」

「事實上，他們有點介意，他們並不是這麼想要那個孩子……」哈洛看起來有點為難，「所以我才來拜託你這件事。」

「什麼？」

「你是個好朋友、好父親，你和你的妻子是很棒的父母，如果將來我不在了，可以多多幫我協助露德照顧我的孫子嗎？」哈洛一臉誠懇地要求。

大主教都這麼問了，忠誠的教士是不可能會拒絕的。

「我會盡我所能。」海爾說。

「太好了，他是個很特別的孩子，我相信他會和小丹鹿成為好朋友的。」

哈洛看向了坐在辦公椅上乖乖吸著娃娃的丹鹿。

「您會告訴我孩子的母親究竟是誰嗎？」海爾又問。

「不行，你知道得越少越好。」哈洛再度回絕。

柯羅聽得很氣，真想變回原身撲到萊特爺爺身上，拉扯著老人家的領子逼他把話說清楚。然而這時，丹鹿的回憶畫面卻忽然變得搖搖欲墜，一片模糊。

「那麼，至少要告訴我孩子的名字吧？」

書房內的光線忽明忽暗，整個畫面都變得傾斜而扭曲，只有對話還在繼續。

「他是個非常特別的孩子，我幫他取了一個很幸運的名字。」哈洛的語氣終於明朗起來，「他叫萊特，萊特．蕭伍德，是個漂亮的小男孩。」

「真可惜不是女孩子，不然都可以指腹為婚了。」

「都什麼年代了，男孩其實也可以……」

柯羅不知道發生了什麼事，但書房在那一瞬間完全暗下來，什麼也看不見，他只能聽到哈洛在最後說了句：「啊……你的孩子咬著娃娃睡著了呢，先抱他回房間休息吧？」

「好的。另外，我答應您，我會好好照顧您說的孩子，像守著鹿鹿一樣，守著他長大成人。」

CHAPTER 10

運氣

萊特的面前放著三個杯子。

朱諾好整以暇地替自己的倒了杯蠍尾酒，他一邊啜飲著，一邊勾勾手指，將被吊著的丹鹿送到了自己身邊。

「猜杯子遊戲，你應該會玩吧？」朱諾問。

「當然！」萊特躍躍欲試。

朱諾看著一臉興奮的萊特，只覺得信誓旦旦地說自己有多幸運的教士根本像個蠢蛋。無論他再幸運，只要遊戲掌控權在他們針蠍手上，他就永遠沒有贏的機會。

「我很大方，所以我會給你三次猜杯子的機會。」朱諾說。

「嗚嗚嗚嗯嗯嗯嗯嗚嗚嗚！」丹鹿還在試著警告萊特不要參與這場必輸的遊戲。

「好，來吧！」萊特完全沒聽懂，也完全沒接收到這位差點就被指腹為婚的青梅竹馬的電波。

丹鹿很抓狂，但讓他更抓狂的是，朱諾響指一彈，竟然在接下來又把他變成了一隻小老鼠，然後一把將他抓在手心裡。

「鹿學長！」萊特喊了聲，他伸手想奪回丹鹿，卻被朱諾用眼神警告他乖乖坐好。

眼見丹鹿整個人……不，是整隻老鼠被朱諾用手掐著，隨時都有被捏爆的可能性，萊特只好聽話地坐回位子上。

「你的好朋友會在其中一個杯子裡，好好猜，猜中他在哪就算你贏。」朱諾笑得很邪氣，他用不知道哪來的紅絲線將老鼠丹鹿五花大綁，吊成一顆小肉粽。

身為捆綁大師的丹鹿此刻卻被人這樣綑綁起來，毫無抵抗能力，這讓他感到特別羞恥不堪。淚眼汪汪的小老鼠丹鹿只能惡狠狠地瞪向萊特，並且試圖發揮念能力，祈禱著萊特真能像他往常那般幸運，任何賭局一猜就中，遊戲逢玩必贏。

只是丹鹿還沒發出自己的超能力，就被朱諾丟進了杯中，然後惡狠狠地扣在桌面上。

「看仔細了！教士！」朱諾對著萊特大喊，「看仔細你的朋友究竟在哪個杯子之中！不要挪開你的眼睛，不然你的運氣將會用罄！」

萊特很聽話地盯緊了眼前被放置在吧檯上的三個杯子，並且確認了丹鹿所在的杯子。

朱諾將雙手撐在吧檯上，他凝視著萊特，並在萊特屏氣凝神、將所有專注力都放在桌上的三個杯子時，用力地拍了拍桌子，再度大喊道：「移動吧杯子們！別讓敵人猜到了你們將老鼠藏在誰的肚子裡！」

萊特嚇了一跳，他剛眨眼的同時，三個杯子也開始自動自發地交換起位置。

起初，三個杯子的移動速度還算緩慢，很輕易地就能找到丹鹿所在的杯子究竟在哪個位置上；然而沒過幾秒，三個杯子就變成高速移動的狀態了。

這差點整死了被關在杯子裡的丹鹿，他就像在遊樂園裡坐著碰碰車一樣難受。

萊特皺著眉頭，他雙眼發直地盯著眼前的三個杯子，杯子的速度已經快到一般人的眼睛絕對跟不上的狀態。

等杯子慢慢停下後，朱諾忍不住大笑。

「記住老鼠的位置在哪裡了嗎？」朱諾話說得很酸。

「呃……沒記住。」萊特很誠實。

「那就準備成為我的另一隻寵物吧！」朱諾笑咧了嘴，他喝著蠍尾酒，等著他的金髮小狗入囊。

萊特瞇著眼，視線在三個杯子中左右游移，但最後他聳聳肩，「好吧，我猜是中間這個。」

他伸手就把中間的杯子打開，出乎朱諾的意料，已經幾乎暈眩的丹鹿就躺在裡面！

「我贏了！」萊特舉起雙手高喊。

「不！三戰兩勝！」朱諾憤怒地奪過杯子，再次扣到丹鹿身上。

三個杯子再度移動起來。

「你不能這樣，你說過給我三次機會，我只要猜中一次就贏了！」萊特嘟著嘴很不高興。

「不，我的意思是，三次裡面你必須三次都猜中！」朱諾憤怒地拍了把桌子，執拗地讓遊戲繼續。

「哪有人這樣隨便更改遊戲規則的！」萊特不滿地抱怨，但他仍然再度接受了挑戰。

朱諾瞪著桌上交互旋轉的杯子。也許教士真的像他自己所說的這麼幸運，但一個普通人是不可能永遠這麼幸運的！

朱諾相信萊特只是一時走了狗屎運。

杯子停下。

「再猜！」朱諾冷冷地看著萊特。

萊特只是抓了抓下巴，沒有猶豫太久，伸手就打開最右邊的杯子——這次丹鹿也在裡面。

「不可能！」朱諾瞪大了眼，再度將杯子扣回丹鹿身上，他質問萊特，「你做了什麼！」

萊特聳肩，一臉無辜地回答：「我不是說過了，我這個人超幸運的！」

朱諾咬牙，似乎完全不買帳。

三個杯子第三次移動起來，但這次朱諾並沒有使用巫術，而是自己親自移動起杯子。

朱諾緩慢地移動杯子，最後他將手蓋在上頭，再度詢問萊特：「再猜一次，老鼠在哪裡？」

萊特看著眼前的三個杯子。

他也不知道為什麼，從小到大玩這種運氣成分較大的遊戲時他從來不會輸，尤其是這種猜猜看的遊戲。

心想事成一直是用在萊特身上最好的形容。他總會忽然有種靈感，自己所需要的東西在哪裡——

萊特再次指向中間的杯子。不知道為什麼，他就是知道丹鹿在裡面。

「我選中間的杯子。」

「你確定？」

「我很確定。」

朱諾瞇起他細長的眼，緊按著中間的杯子，用手指輕敲杯底。教士並不知道他有能力把杯中的東西變到別處去。

這次由朱諾掀開了中間的杯子，桌面上什麼都沒有。

「你輸了，教士——」朱諾再次笑咧了嘴，「看來你也不是真的這麼幸運，你和你的朋友一起，都將要成為我的寵物了。」

萊特看上去卻不怎麼緊張，他用手掌撐著臉，指著朱諾手上的杯子：

「不，我贏了。」

「贏什麼？杯子裡根本沒有……」朱諾將杯子轉過來一看，老鼠丹鹿就卡在裡頭，咕咚一聲掉了出來。

「三戰三勝！我贏了，鹿學長！」萊特舉起手就要和丹鹿擊掌。

但丹鹿剛從杯子樂園出來，還在頭暈噁心。

「怎麼可能……這是不可能的事……」朱諾緊握著杯子，似乎還無法接受自己輸了遊戲的事實。

明明上一秒他才用巫術將丹鹿變到了別的杯子裡，為什麼最後丹鹿還是按照金髮教士的猜測從杯子裡掉了出來？

朱諾瞪著笑得像個傻蛋一樣的萊特，這簡直像是——教士也施展了巫術一樣。

「就像我們當初說好的，我贏了，我可以帶走鹿學長！」萊特小心翼翼地捧起桌上的老鼠丹鹿。

「不！你們都不准走！」朱諾卻出爾反爾，讓周圍的門窗逐漸消失，擺明了不想讓兩人離開。

「你不能這樣，這是我們說好的！」

萊特將丹鹿收進懷裡，丹鹿則是在他懷裡不停地小聲叫喊道：「萊特，快跑啊！不然朱諾要生氣了！」

「這裡只有我說了算！」朱諾一拳捶在桌上，整個房間的顏色變成了一種銳利刺眼的鮮紅。

「你這樣是不行的，遊戲一輸就耍賴，這樣很不成熟。」萊特還在勸世，這讓朱諾更火大了。

從朱諾腳下，青綠色的火焰熊熊燃燒起來，滾燙的熱風襲擊了萊特和他懷裡的丹鹿。

「萊特！小心！」老鼠丹鹿捧住自己的臉，還以為這次連同萊特，自己的臉又要再次融化。

沒想到，恐怖的情況並沒有發生，丹鹿待在萊特的懷裡，萊特則是一點都沒有受到影響似地坐在原位。

「別擔心，鹿學長，這只是惡夢而已。」萊特對著丹鹿說，用了非常輕柔的語氣，像是在哄孩子似地拍了拍他的腦袋。

「可是……」

「說好了，我會負責保護你的。」

「閉嘴！教士，少自以為是了！」朱諾打斷了萊特和丹鹿的對話，他的怒火一下子竄燒，猛地將萊特整個人吞噬。

青綠色的火焰包覆了教士全身，讓他整個人變成了火球。

「我要將你燒成一團煤炭！」朱諾看著被他的怒火焚燒的教士，這次他再也沒辦法幸運下去了吧？

「不了，謝謝。」燃燒中的教士卻說。

「搞什——」

「這場惡夢太久了，該讓鹿學長做點美夢了。」萊特從火焰裡伸出手，他學著朱諾敲了敲桌面。

那團綠火瞬間就熄滅了，萊特整個人好好地坐在位置上，他懷裡的丹鹿也是。

朱諾困惑地看著眼前這個不受影響的教士，而萊特只是在他面前打了個嗝，吐了一團熱氣出來。

「你是怎麼辦到的？」朱諾無法理解為什麼萊特不受影響。

萊特聳了聳肩道：「因為這不是真的吧。」

「但不可能，普通人不可能……」

「先不說這些，幫個忙，開一扇門好嗎？不然我們要在這裡天荒地老地耗下去了。」萊特說。

「不准命令我！」

朱諾狠狠瞪著萊特，地板開始震動，他身後酒櫃上放的酒瓶都一一爆破，

「要天荒地老地耗下去的話，我們就……」

「閉嘴！開門！我和鹿學長要離開了！」萊特強硬地打斷朱諾的話。好脾氣也是有被惹惱的時候。

「想得美，這裡是我和寵物的樂園，我不會讓你——噢！」

沒等朱諾把話說完，萊特一拳揍了上去，然後跳過吧檯，直接把人鎖喉壓制在地。

沒料到自己會直接被武力輾壓的朱諾傻在地上，好半天才氣紅了臉頰，他的聲音都因為憤怒而顫抖了。

「放開我！你這金髮蠢蛋教士！」

「開門！」萊特威脅道。

或許跟針蠍家不服輸的性格有關，朱諾說什麼都不開，他手指一揮，將萊特懷裡的老鼠丹鹿抓了出來。

老鼠丹鹿飄在半空中，不斷地被空氣擠壓著，露出了痛苦的神情。

這樣下去不行！

萊特思索著，賽勒曾說過，真實存在於丹鹿記憶裡的朱諾是不能動的，但如果是夢裡的話呢？

你想做什麼都可以。

賽勒是這麼說的。

萊特咬牙，鬆開被他箝制住的朱諾，並在對方衝向丹鹿之際，拿出了賽勒給他的黑色針刺，一把將針刺刺在了朱諾的心臟裡。

朱諾癱軟在地，一臉不可置信地看著萊特，好像他是什麼罪大惡極的人一樣。

萊特站在原地，他知道這裡的朱諾只是個惡夢幻影而已，但親手獵殺男巫的感覺還是不好受。

朱諾沒能再耍什麼嘴皮子，他躺在地上，最後完全沒了生氣，化為灰燼。

原本昏暗的酒吧再度變得明亮，並逐漸轉變成一團模糊的白光。

朱諾的酒吧消失了。

「我變回原樣了。」丹鹿摸著自己的臉，轉頭看了看四周，朱諾已經不在他的惡夢裡了。

丹鹿看向萊特，金髮教士傻傻地站在原地，不知道在想什麼。

「萊特？」

萊特轉過頭，又恢復成那種天真爛漫的模樣。

「看吧，我沒有食言！我說過會幫你解決門外面的怪物。」

惡夢裡的丹鹿聽不懂萊特在說什麼，他只是歪著腦袋，指著前方說：「啊，門開了。」

一扇大門在模糊的白光裡被打開了。

「太好了，該去下一個地方了。」萊特看向丹鹿，和夢裡的丹鹿揮了揮手。

丹鹿看著他沒多說些什麼，只說了句：「謝謝。」

萊特俏皮地對丹鹿眨眼後，推開那扇大門走了出去，而這次他來到的是某個人家的庭院。

萊特好奇地四處張望，只看到庭院外的都是高聳的雪松林，天氣陰陰霧霧，某些地方卻還有陽光。

萊特發現自己回到了他們曾經出過任務的雪松鎮，而柯羅正蹲在庭院裡的某個樹叢後方。

「柯羅？」萊特不太確定這是丹鹿記憶裡的柯羅，還是真實的柯羅。

柯羅轉頭看向萊特，眼裡有著同樣的困惑。

不過這個問題很快就被解答了。

「不要動！你這隻臭蠍子！」

庭院裡傳來的動靜讓兩人渾身一凜，柯羅立刻招手要萊特跟著蹲下。

萊特立刻躲了過去，兩人偷偷摸摸地擠在小樹叢後方。

樹叢外，榭汀正凶猛地攻擊著逃竄的朱諾，並把他撲倒在地。

「哇，真嚇人。」貓先生抓狂起來就像真正抓狂的貓一樣嚇人。萊特這時才發覺，貓先生平常對自己算是不錯了。

「這應該是最後一個了。」柯羅說。

「朱諾嗎？」

「對，如果我們都被引導到這裡的話。」柯羅看著外面，榭汀正在解決最後一個朱諾。

「你解決了幾個朱諾？」萊特好奇地問。

柯羅頓了頓，好像很丟臉似的，沉默了一會兒才說：「一個。」

萊特哈哈大笑，「我一個都沒有！」

惡夢朱諾並不算在裡面。

「蛤？」

兩人齊齊看向正在往朱諾胸口扎針的榭汀。這麼說來，幾乎所有朱諾都是榭汀負責清除的？

朱諾就像是被邪惡貓咪團滅的鼠輩，榭汀則是那隻邪惡貓咪，而萊特是旁邊那隻只會玩你丟我撿、什麼也不會的笨蛋狗狗。

「你也太混了吧！」柯羅忍不住吐槽。

「沒辦法嘛，我有一半的時間都被困在鹿學長的白日夢裡，他的白日夢裡還有一個對他超崇拜的你喔！」

「蛤？噁心死了！」

「另外我還去了鹿學長的惡夢，玩了猜杯子的遊戲！」萊特嘰哩呱啦地講個不停。

柯羅望著萊特，並沒有出聲阻止。

「柯羅呢？你去了哪裡？」萊特忽然一臉好奇地問。

柯羅沒有說話，他想起了在丹鹿爸爸書房內所遇到的事，以及丹鹿爸爸和大主教間的對話。

萊特的母親是誰？為什麼是個禁忌？萊特自己知道嗎？

「怎麼了？為什麼這樣看著我？」萊特問。

「萊特——」

柯羅正要說話，萊特卻按著他的頭將他們的身子壓得更低。

「等等，有人要出來了。」

兩人從樹叢中的縫隙裡望出去，榭汀正好解決了最後一個朱諾，而庭院旁的人家裡，紅髮教士從裡頭走了出來，正和房子主人做最後的寒暄。

萊特用手指按著嘴唇要柯羅保持安靜，柯羅則是凝視著萊特，久久不語。

榭汀沒料到繞了一圈，最後又回到了雪松鎮。

這裡似乎是朱諾開始入侵丹鹿記憶的起點，所以也是他們結束朱諾入侵的終點。

在把朱諾的碎片收進玻璃瓶後，榭汀注意到丹鹿正從房裡走出來，和他們承辦案件的受害者的父親做最後道別。

榭汀倉促地將所有東西收好，然後坐在前庭的搖椅上。一隻小黑貓很準時地出現在他腳邊，任他摸著牠的下巴和屁股。

深吸了口氣，榭汀開始他的演出。

「處理完了嗎？」榭汀問，他拍了拍在他腳邊磨蹭的小黑貓的屁股，將牠請走，怕貓的丹鹿才願意稍微靠近他一點。

「又想叫你的小貓們去做什麼苦差事嗎？」丹鹿忍不住酸了對方一下。

「才沒有。」榭汀說，他懷念他們之前的這種小鬥嘴。

「我這邊結束了。」丹鹿盯著榭汀看。

「好，接下來呢？跟小鑽石他們會合，還是往下一個地方去？」榭汀托著下巴，忍不住微笑，他知道柯羅和萊特正躲在樹叢後面看著這一切。

「帕瑪的事難道一點也影響不了你嗎？」丹鹿在榭汀對面坐了下來。

「為什麼這件事要影響我？」榭汀假裝露出困惑的表情。

「你都沒有感受到任何罪惡、傷心、不捨或難過？真的一點都沒有？」

「為什麼在意這種小事呢？」

「督導教士也需要評估男巫的心理狀態，如果有什麼困難，我們才能適時地給予幫助。」丹鹿一臉認真地說。

這時他們還沒認識多久，但丹鹿是真心想關心他的男巫。

丹鹿是個好教士。榭汀想起了蘿絲瑪麗這麼說過。

「你擔心我其實心靈受了創傷，只是沒表現出來？」榭汀這次沒有嘲笑對方的天真爛漫。

對，他自己也明白，丹鹿是個好教士。

「有些人會這樣，雖然一開始沒表現出來，但其實——」

「喔，別擔心，小老鼠。相信我，我絕不是你說的那種情形，我想我只是……」榭汀想了想後，輕輕嘆了口氣，對著丹鹿苦笑，「缺乏情感而已。」

「是嗎？」丹鹿歪了歪腦袋，碎碎念道，「是能缺乏去哪裡啊？」

榭汀聳聳肩，沒有再回答。

丹鹿白了榭汀一眼，他站起身，像之前一樣對他伸出了手，「我們就別繼續胡說八道了，快起來，還要去下一個地方呢！」

榭汀握住丹鹿的手，也站起身來。

接下來他們本該繼續前行處理案件，但榭汀站在原地，他想著，如果只是不嚴重的脫稿演出，應該不要緊。

於是他張開了雙手。

「幹嘛？」丹鹿一臉好笑地看著莫名其妙的榭汀。

榭汀也沒說什麼，只是給了對方一個擁抱，像他抱著嬰兒時期的丹鹿那樣。

「歡迎回來。」榭汀說。

「蛤？我只是從艾許家出來而已啊。」丹鹿一臉莫名。

就在這時，賽勒給予萊特、柯羅和榭汀的黑色針刺發出了微微的震動，他們知道這是賽勒在通知他們，任務完成了。

趁著丹鹿不注意，榭汀、萊特及柯羅同時拿出了他們藏起來的黑色針刺，三人有默契地互看一眼後，將黑色針刺折斷了。

丹鹿的回憶場景也啪地一聲斷了，只剩一片黑暗。

威廉一人獨自走在大街上，身穿黑色斗篷大衣的他看起來很顯眼，卻也不是真的這麼顯眼，因為靈郡的西區大街上本來就有許多女巫狂熱分子，他們大部分都故意和威廉裝扮得一模一樣。

因此即使是走在人來人往的大街上，威廉反倒有了某種安全感。人們交談的聲音蓋過了威廉腹部裡傳來的聲音，這讓他在長時間孤獨的折磨裡終於獲得了些許平靜。

威廉想要的就是這個，離開黑萊塔，一個人，暫時什麼也不想。

稍微放緩了腳步，他走入巷弄內，卻在周圍的聲音安靜下來的瞬間，他聽見了有腳步聲跟在他後方，像爪子不停撓刮石子地的聲音。

是錯覺嗎？

威廉往後看了眼，巷弄後方只有建築物拉下來的長長黑影，其他什麼也沒有。

或許只是多心了。

威廉繼續向前走著，爪子聲卻再度傳來，無論他拐進哪個小巷，聲音都如影隨形。

「誰在那裡！」終於，受不了的威廉停下腳步，對著巷道的暗處吼道。

近日由於林區的事件，許多不合法的獵巫人又再度興起，他們在街上狩獵，不分對象是否是真的還假的男巫。

「出來！」威廉喊道。

萊特不在他身邊，格雷也不在他身邊，沒人在他身邊，只能自己面對一切，就和從前一樣。

正當威廉想著要如何對付來人時，從陰影處走出來的卻是一隻金毛大狗。

威廉悄悄地鬆了口氣，他看著金毛大狗走向他，爪子在石子地上喀噠喀噠地敲打著。

「你在這裡做什麼？」威廉蹲下來看著那隻金毛大狗，金毛大狗有雙藍眼睛，和某人的形象非常類似。

威廉盯著大狗，忍不住伸出手想摸摸牠，但大狗卻撇頭避開了他的觸摸，然後繞過他，繼續前進。

威廉起身看向那隻大狗，大狗也轉過頭來看著威廉，似乎是想要自己跟上牠的腳步。

反正沒有目的，也無處可去，威廉猶豫了一下後，便跟在金毛大狗身後，往巷弄深處去。

威廉不知道金毛大狗究竟要將他帶往何處，他只是盲目地跟著。

最後，金毛大狗領著威廉進入了一個廢棄的大樓內，他們沿著樓梯一路往上。

殘破的大樓樓頂被打掉了幾面牆，只要坐在上面，便能清楚地看見整個黑萊塔。

金毛大狗回頭看了威廉一眼，最後牠在威廉面前變成了一隻黑色渡鴉，然後一路飛到站在空牆邊上的陌生男人肩上。

「柯羅？」看見男人的背影時，威廉嚇了一跳，因為對方那抹黑色的身影和柯羅實在太像了。

一直到男人轉過頭，威廉才驚覺自己認錯人了。

「不，不是柯羅。」穿著黑西裝，頸子上有著嚴重燒傷的男人說，「對我還有印象嗎？親愛的小威廉。」

他的語氣極其溫柔。

威廉凝望著眼前的男人，男人和柯羅一樣，都有一雙漂亮的紅眼睛。

——《夜鴉事典09》完

高寶書版集團
gobooks.com.tw

輕世代 FW339
夜鴉事典 09 —幻夢成空—

作　　者　碰碰俺爺
繪　　者　woonak
編　　輯　林思妤
校　　對　任芸慧
美術編輯　彭裕芳
排　　版　彭立瑋

發 行 人　朱凱蕾
出　　版　英屬維京群島商高寶國際有限公司臺灣分公司
　　　　　Global Group Holdings, Ltd.
地　　址　臺北市內湖區洲子街 88 號 3 樓
網　　址　www.gobooks.com.tw
電　　話　(02) 27992788
電　　郵　readers@gobooks.com.tw（讀者服務部）
　　　　　pr@gobooks.com.tw（公關諮詢部）
傳　　真　出版部　(02) 27990909　行銷部 (02) 27993088
郵政劃撥　50404557
戶　　名　三日月書版股份有限公司
發　　行　三日月書版股份有限公司 /Printed in Taiwan
初版日期　2020 年 8 月

國家圖書館出版品預行編目 (CIP) 資料

夜鴉事典 / 碰碰俺爺著 .-- 初版 . -- 臺北市 : 高寶國際 , 2020.08-
冊 ;　公分 . --

ISBN 978-986-361-881-2(第 9 冊 : 平裝)

863.57　　109008978

三日月書版

GOBOOKS
& SITAK
GROUP©